LES TRIOMPHES
DE LA PIETÉ

Dans la Vie du Bien-heureux
GABRIEL MARIA
de l'Ordre des Freres Mineurs:

Inſtituteur de la Religion de la Sainte Vierge,
ſous le Titre des dix Vertus, & de celle des
Religieuſes du Tiers-Ordre de S. François,
dites de Chaſteau-Gontier.

Par le R. P. PAVLIN DV GAST, Religieux de l'Obſervance de S. François, de la Province de Touraine, Pictavienne, Gardien du Convent des Peres Cordeliers
de Mirebeau.

A POICTIERS,

Par IEAN FLEVRIAV, Imprimeur ordinaire
du Roy, & de l'Vniverſité.

M. DC. LXIX.
Avec Permiſſion, Approbation, & Privilege.

Permission d'imprimer.

NOUS IEAN DERAZES, Seigneur de Verneüil, Conseiller du Roy en tous ses Conseils, Lieutenant general en Poictou: Du consentement du Procureur du Roy, & sur les Approbations des Peres de Provinces & des Docteurs de cette Vniversité, Permettons à Iean Fleuriau Imprimeur du Roy, &c. d'imprimer, vendre & distribuer le Livre intitulé, *Les triomphes de la Vie du Bien-heureux* GABRIEL MARIA *de l'Ordre des Freres Mineurs*, &c. Composé par le R. Pere Paulin Du-Gast Religieux Observantin & Gardien de Mirebeau: Defendons à tous autres de ce Ressort de n'en vendre ny distribuer d'autres que ceux dudit Fleuriau, à peine de cinq cens livres d'amandes. Fait à Poictiers le premier Decembre 1668.

Signé, I. DERAZES. Et M. IARNO.

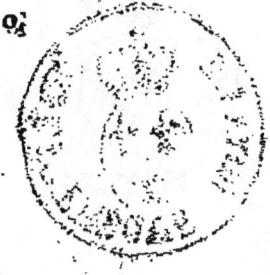

A MONSIEVR
MONS^r DE FORTIN,
ABBE' DE LA HOGVETTE,
ARCHIDIACRE ET CHANOINE
DE N. DAME DE PARIS.

ONSIEVR,

   Quoy que ie vous sois incognu, ie n'ay pas crû que cette raison fût assez forte pour m'empécher de vous dedier ce petit Ouvrage de Devotion; I'y ay esté sollicité par de si puissans motifs, que i'aurois esté le plus injuste de tous les hommes, si i'eusse resisté à leurs mouvemens; Et si on est obligé d'honorer le merite dans tous les Sujets, où il est, Ie vous prie, MONSIEVR, de recevoir le Present que ie vous

ã

fais, comme vne marque de mes respects, & vne reconnoissance de ces hautes Qualitez que vous possedez qui vous donnent vn rang si élevé dans le Monde. Tous sçavent que vostre Noblesse est de plusieurs siecles ; Que vos Ayeuls ont esté aliez des plus illustres Maisons de la France ; Qu'ils y ont eû les plus grandes Charges qui font l'objet de l'ambition des premiers de l'Estat ; & qu'ils y ont satisfait avec toute l'integrité qu'on pouvoit desirer : Mais souffrez que ie vous die que toutes leurs Vertus sont recueillies en vous ; Vous en auez déja donné tant de preuves, que si ie ne sçavois qu'elles viennent toutes du Ciel, ie dirois qu'ils vous les auroient communiquées avec les principes de la Vie. Tout le Royaume a admiré vostre prodigieux esprit : Car dans l'âge de dix-huit ans vous parliez aussi bien de la Philosophie qu'Aristote ; & lors que vous l'enseigniez, on vous eût pris pour le premier de ses Disciples. L'on vous a veu sur les Bancs de la Sorbonne éclaircir les matieres les plus embroüillées de la Theologie, & les rendre mesmes intelligibles à ceux qui en ignoroient les principes ; Vos réponses estoient des instructions à toute l'Assemblée, & vous aviez toutes les lumieres d'vn sçavant Docteur, lors que vous n'estiez que Bachelier.

La Nature & la Grace qui ont esté de concert pour

faire en vous un homme achevé, n'ont rien oublié de ce qui estoit necessaire pour cela, & si la premiere vous a donné une capacité si étenduë pour toutes les Sciences, vous avez receu de la seconde une Pieté si éminente que vous estes l'exemple de Paris & l'admiration de toutes nos Provinces ; Aussi avons-nous sujet de croire que Dieu vous a destiné pour estre un des plus fermes appuys de son Eglise, & pour luy rendre les mesmes services que les Athanases, les Chrisostomes & les Ambroises ; Monseigneur l'Archevesque de Paris vostre Oncle, qui merite d'en estre le Chef, apres avoir remarqué en vous de si riches talens, vous a associé à une partie de ses soins dans la conduite de son Diocese. Et vous vous acquitez si dignement de tous vos Employs, que la voix publique dit que c'est honorer les Dignitez que de vous les donner, au lieu que les autres en tirent toute leur gloire.

Apres cela ie ne pense pas qu'on me doive demander la raison qui m'a inspiré la hardiesse de vous dedier ce petit Travail de ma Solitude ; En voicy neantmoins une particuliere qui est fondée sur les Bienfaits que nostre Convent de Mirebeau a receu de vostre illustre Famille, & que Monseigneur vostre Oncle nous continuë tous les jours, jusques là, que ce qu'il y a de plus beau & de plus magnifique en ses Bastiments est l'ouvrage de sa Liberalité. Ie ne sçaurois donc mieux les reconnoître qu'en vous adressant mes Remerciemens, puis que vous estes l'image viuante de son Esprit, de son Cœur & de ses Vertus; I'ay pourtant bien de la confusion de vous presenter vne chose si imparfaite, mais ie me flate dans cette pensée que vous ne voudrez pas appercevoir ses defauts, & que vous aurez assez de bonté pour souffrir dans vostre Bibliotheque ce petit Liure, où ie ne luy desire vne place, qu'afin qu'il vous soit vn témoignage de ma gratitude, & vne asseurance que ie n'ay point vne plus haute ambition que d'estre toute ma vie,

MONSIEVR,

Vostre tres-humble & tres-
obeissant Serviteur,
F. PAVLIN DVGAST.

AVIS AV LECTEVR.

SALLVSTE asseuroit autresfois que l'estime de ceux qui avoient fait de belles actions, dépendoit des loüanges qui leur estoient données par des hommes d'esprit & qui estoient éloquens; Aussi lors qu'Alexandre le Grand vit le tombeau d'Achille, il dit que cet Heros avoit esté heureux d'avoir eu Homere pour son Panegyriste; Il ne faut pas s'étonner si ces Anciens ont eu de si injustes pensées, puis qu'ils vivoient en des siecles où tout ce que l'on faisoit n'avoit point d'autre fin que d'acquerir de la gloire ou de la reputation dans le souvenir de la posterité: Mais depuis que le Fils de Dieu nostre Legislateur nous a adverty d'avoir des veües plus élevées & de referer tout à l'honneur de Dieu, nos plus grands Saints se sont retirez dans les grottes & les solitudes inhabitées, pour y faire leurs prieres & toutes leurs bonnes œuvres, & elles ont esté d'autant plus éclatantes devant Dieu qu'elles estoient cachées aux creatures de la terre, & c'est de là que naist la difficulté qu'il y a à faire leurs éloges, parce qu'ils n'ont point eu d'autres témoins de leur pieté que les murailles ou les Forests: C'est aussi ce qui me donne de la peine dans le dessein que ie me suis formé de composer la vie du Bien-heureux Pere GABRIEL MARIA, qui a esté vn grand Esprit par la nature, vn grand Personnage par la doctrine, & vn grand Saint par la grace; & si sa Vie avoit esté écrite avec les mesmes soins & les mesmes lumieres que celle des plus illustres Sts de l'Ordre de saint François, elle pourroit les égaler; Et puis qu'il a falu que ie me sois engagé dans ce travail qui surpasse de beaucoup ma capacité, parce que i'y ay esté fortement sollicité par des personnes tres devotes à qui ie devois vne entiere obeïssance, ie vous supplie, mon cher Lecteur, de faire ces observations.

La premiere est que i'ay appellé ce Livre *Les Triomphes de la Pieté*, parce qu'elle a particulierement presidé dans toutes les actions du Bien-heureux Pere GABRIEL MARIA, car tous sçavent que cette Vertu est vn zele & vne affection qui nous sollicite de rendre à Dieu le culte qui luy est dû, le service au prochain qui luy est necessaire, & le respect aux Parens, & parmy toutes les Vertus du Christianisme, ie n'en remarque point qui ayent de si vastes étendües qu'elle, puis qu'elle se donne à tant de choses, c'est pourquoy elle est chargée d'vne prodigieuse foule d'obligations.

Vous ne verrez rien de plus souvent dans cet écrit que le soin que ce Bien-heureux Pere GABRIEL MARIA avoit de s'acquitter de ses devoirs envers Dieu, à qui il referoit la gloire de toutes ses actions, envers le prochain, puis qu'il a tant travaillé pour son salut, & generalement envers toutes les choses ausquelles il estoit redevable, de sorte qu'il n'a point fait d'actions qui n'ayent porté les marques de cette Vertu: Et comme les Etoiles sont differentes en influences & en lumieres, aussi les Saints ont des graces & des merites

par

Avis au Lecteur.

par lesquels ils sont distinguez les vns d'avec les autres; Mais la Pieté est le caractere particulier par lequel on connoist le Bien-heureux GABRIEL MARIA; car il semble que cette vertu s'estoit effigiée en luy.

La seconde observation que le Lecteur doit faire, est que i'appelle le Venerable Pere GABRIEL MARIA, Bien-heureux, parce qu'il est mort dans l'odeur d'vne éminente Vertu, & que les Miracles qui se sont faits à son Tombeau depuis son deceds & qui se continuent encore, sont des preuves convainquantes de sa Sainteté. Ie sçay bien que c'est au Chef de l'Eglise à proposer les Saints aux fideles pour recevoir le culte qu'elle leur rend, il y en a pourtant beaucoup qui n'ont esté declarez Bien-heureux que par les suffrages des peuples, & nous sçavons que saint Iean Chrysostome fut honoré sous ce titre par ceux qui l'avoient entendu prescher; Ils crûrent qu'ils n'offenseroient point la pureté de la Foy de reclamer le secours de celuy dont la parole & l'exemple avoient fait tant de conversions. S. Roch est dans cet Ordre & les bons offices que tout le monde reçoit de luy, luy a persuadé qu'il estoit dans la gloire du Ciel. C'est pourquoy i'ay crû que ie pourrois appeller Bien-heureux celuy dont la pieté a esté respectée des souverains Pontifes, & les Reliques duquel sont le remede à tant de maladies.

Toutesfois ie me soûmets pour cela & pour toutes les autres choses qui appartiennent à ma creance aux decisions du saint Siege Apostolique, que ie revere comme les Oracles d'vne verité eternelle.

La troisiéme observation que le Lecteur doit faire, est que ce grand Homme reçeut l'Habit de Reli-

ẽ

Avis au Lecteur.

gieux dans la Province de Touraine Pictavienne, y fut élevé dans la Vertu & dans les Sciences, de sorte qu'il luy est obligé de son éducation. Cette Province, qui est la septiéme dans le rang de celles qui composent la Famille Cismontaine dans la Religion de saint François, a commencé par le Convent de Mirebeau, & voicy comment : Quelques Religieux, de celle qu'on appelle la grande Touraine, desirans vivre dans vne exacte pratique de leur Regle, eûrent recours à leur Provincial, appellé F. Iean Philippi, & luy demanderent vne Maison où ils pûssent satisfaire à leur zele, il leur accorda celle de Mirebeau, l'an 1384. & choisissant le plus capable de cette devote Compagnie : Il l'établit leur Superieur. Mais comme selon l'Oracle de l'Evangile les Citez basties sur des Montagnes, ne se peuvent cacher ; Aussi l'odeur de leurs Vertus se répandit en peu de temps dans toute la France, de sorte que beaucoup de Villes fûrent dans l'empressement pour leur donner des Monasteres, & en moins de trente-deux ans, ils en eûrent douze qui inspirerent à toutes les autres Provinces du Royaume cet esprit d'Observance qui y a fait naître tant de Sts & de si grands hommes.

Leur vie estoit dans la derniere austerité ; Le sac & le Cilice estoient leurs habits, leur abstinence estoit continuelle, & comme si leurs Palais n'eust point esté animé, ils ne goustoient point ce qu'ils mangeoient, ils n'alloient à la table qu'avec douleur, & faisoient leur Penitence d'vne chose, où les autres establissoient leurs delices, les legumes & les herbes estoient leurs plus agreables mets, l'eau faisoit tout

Avis au Lecteur.

leur breuvage, s'ils n'estoient malades : les nuits que la nature à destinées pour le repos, n'en avoient point pour eux, car ils en employoient la meilleure partie dans la Priere, & s'ils estoient contraints de dormir, ils n'avoient qu'vne rude paillace pour leur couche; ils estoient si ingenieux à se mal-traitter, qu'ils rencontroient en toutes choses les occasions de souffrir & de de continuer le martyre que la Penitence leur avoit fait commencer : De sorte qu'ils pouvoient dire à Dieu, toute nostre vie n'est qu'vne longue mortification : Nous mourons pour vostre Gloire comme vous estes mort pour nostre Salut : Nous sommes les victimes de vostre Amour, comme les pecheurs le sont des passions, dont ils sont les esclaves; & d'autant que le silence, selon les anciens Philosophes, est le protecteur de l'innocence : C'est pourquoy ils estoient tres-exacts à le garder, il ne sortoit point de parole inutile de leur bouche, & ils ne l'ouvroient iamais que pour satisfaire aux devoirs de la Charité ou de la necessité. Ils estoient si scrupuleux en ce point, qu'ils croyoient qu'vn mot estoit criminel quand il avoit eu vne autre fin que le Salut du prochain ou la Gloire de Dieu.

Ils estoient si retenus dans leurs sens, qu'ils n'en vsoient que pour les actions de Pieté, ils n'arrestoient iamais leurs regards sur les visages qui pouvoient surprendre leur cœur, ils ne se servoient de leurs yeux que pour pleurer leurs pechez ou ceux des autres, ny de leurs oreilles que pour entendre la Parole de Dieu; ny de leur goust, que pour mesler, comme David, la cendre avec le pain, & parce qu'ils avoient fait lieu reufement mourir la chair avec les concupifcences; c'eft pourquoy ils n'avoient que des mépris ou des indifferences pour les richeffes, les honneurs & les voluptez des fens, tellement que leur efprit eftoit fi élevé au deffus de leurs corps qui ne penfoient prefque point à fes befoins, & il eftoit fi accouftumé à luy obeïr, qu'il ne troubloit point fes occupations, de maniere qu'on voyoit chez eux vn glorieux triomphe de la Grace fur les paffions.

La reputation d'vne fi éminente Vertu n'eut pas moins d'étenduë, que toute l'Europe, & la voix publique donna le nom de Sainte à cette Province. Et l'an 1415. Elle écrivit au Concile general de Conftance, qui revera fes Lettres, loüa fon integrité, confirma, l'erection de fes douze Convents en Province, & voulut qu'elle choifit elle-mefme fon Chef. Depuis les Souverains Pontifes luy accorderent beaucoup de graces fpirituelles, dont les Bulles fe voyent encore aujourd'huy en fes Archives.

Si la Pieté de ces Religieux fut fi admirable, leur Science ne le fut pas moins: Il eft vray qu'elle fut plutoft vn effet de la Grace que de leur Eftude; Dieu eftoit leur Maiftre, la Solitude leur Ecole, & ils y apprenoient beaucoup plus, que les autres ne font dans les plus fameufes Vniverfitez, ils concevoient fi promptement les chofes les plus embroüillées, qu'on eût crû que la Philofophie & la Theologie fe prefentoient à eux fans difficulté & fans tenebres. Dieu qui eftoit leur principal Directeur, les affiftoit dans l'inftruction qu'ils donnoient aux Peuples, & leur langue qui eftoit l'interprete du S. Efprit, eftoit fi diferte, qu'apres avoir

Avis au Lecteur.

banny le vice des Villes où ils préchoient, il y establissoient la Vertu, & avançoient ce regne heureux où Iesus-Christ triomphera de la mort & de celuy qui en est le principe. Ie me les represente comme de nouveaux Apôtres qui convertissent presque autant de pecheurs qu'ils en rencontrent, & qui restituent à la Pieté, les honneurs que les crimes luy avoient ravy.

Les Nuées ne sont que des vapeurs qui s'élevent du plus grossier de tous les élemens, dont le Soleil & les vents se joüent durant quelques heures, & qui estant froides & obscures, nous dérobent la lumiere & nous privent de la chaleur, mais apres elles se resolvent en pluyes, elles brillent en éclairs, elles éclatent en foudres, & arrosant la terre alterée, elles versent l'abondance & la fertilité dans son seing Si on juge de ces Peres par les apparences exterieures, on n'aura que du mépris pour eux, car ils estoient nuds pieds, vestus fort pauvrement & dans vn abandonnement general de tous les biens, qu'on appelle de fortune, mais leurs exemples, & leurs Sermons estoient si puissans sur l'esprit de leurs Auditeurs, qu'apres avoir fait sortir les larmes de leurs yeux, & la componction de leur cœur, ils les attiroient souvent à l'imitation de leur Sainteté, & les faisoient heureusement passer de la servitude du Demon sous l'Empire de Iesus-Christ. Si les Histoires avoient esté soigneuses de faire vn recüeil de tous ces excellens Serviteurs de Dieu, qui ont esté si vtiles au public, elles nous en produiroient vn nombre si prodigieux, que cela surprendroit le Lecteur ; Et parmy cette foule, i'y remarque le Bien-heureux Pere GABRIEL MARIA, le Pere Matu-

Avis au Lecteur.

tin le Bret, autrement appellé, *Scotus Lavallensis*, dont les écrits ont eu autrefois dans les Echoles de l'Ordre de S. François, la mesme authorité, qu'ont ceux d'Aristote dans les Colleges de Philosophie, le Pere de Orbellis, dont les Livres sont remplis d'vne admirable érudition; Ie ne parle point des autres de peur d'estre importun au Lecteur. Voila la Vie, les Employs & les Qualitez des Religieux de cette Province, qui persevererent toûjours sans relâche, durant prés de deux siecles, ces pieux exercices.

Or leur vertu n'avoit pas reçeu toute son épreuve, il faloit que le feu luy donnât son dernier éclat, & ç'a esté l'effet de l'heresie, car les Calvinistes qui se répandirent dans toute la France comme vn effroyable torrent qui ravage tout, ruinerent presque tous nos Temples dans l'an 1562, & firent mourir les Ecclesiastiques, mais leur fureur fut plus violente contre les Religieux, & particulierement contre ceux de cette Province, dont ils brûlerent douze Convents de vingt-quatre dont elle estoit composée.

Ils entrerent comme des Lyons enragez dans celuy de Mirebeau, où d'abord ils exposerent aux yeux des Religieux qu'ils y rencontrerent tous les instrumens dont les Bourreaux se servent pour faire leurs executions, mais voyans que ces choses ne les étonnoient point, on les fit dépoüiller & battre de verges, afin que la honte se mêlant avec la douleur le supplice leur en fut plus fâcheux, le sang couloit de toutes parts, les morceaux de leur chair qui recevoient les coups de foüets voloient de tous costez, les os & les nerfs estoient découverts, & leurs corps innocens tout remplis de playes donnoient de l'horreur ou de la pitié à ceux qui les regardoient, enfin la cruauté se lassa sur eux & employa ses derniers efforts pour les faire mourir: Mais parmy cette sainte Troupe les Peres Nicolas Clemenceau & Iean de Thorigné parûrent avec plus d'éclat, on tenta leur constance avec plus d'opiniâtreté pour les faire renoncer à la Religion Romaine, & sur tout à la creance de la Realité du Corps & du Sang de Nostre Seigneur au saint Sacrement de l'Autel, ils vserent de promesses & de menaces pour les attirer à eux, mais ces bons Religieux qui craignoient aussi peu les roües & les gybets que les plus robustes Athletes apprehendent l'onction des plus agreables huiles, rejetterent toutes leurs propositions, de sorte que ces impies voyans que toutes les machines de la tyrannie estoient inutiles pour ébranler leur courage, ils les passerent par les armes; leur rage alla plus avant, car ils brûlerent le Monastere avec tout ce qu'il y avoit de Reliques & de titres: Mais comme c'est en vain qu'on bâtit vne maison sans le secours de Dieu, aussi est-il inutile de la détruire s'il la veut rétablir, car il inspira Loüis de Bourbon Duc de Montpensier de rebâtir ce Convent en l'an 1577. apres que la persecution des Heretiques fut vn peu cessée. L'an 1560. presque tous les Religieux de Chasteauroux, eûrent l'honneur de souffrir le Martyre, ils fûrent d'abord ensevelis tous vivans dans vn cachot, qui avoit plus de l'air d'vn sepulchre, que d'vne prison, & leur ostant toute sorte de commerce avec le monde, ils crûrent qu'ils les estonneroient par la cruauté de cette effroyable solitude.

Avis au Lecteur.

Mais ces fidels Serviteurs de Dieu firent de ce lieu par la force de leur oraison vn Temple consacré à sa gloire: On leur retrancha les alimens dans l'imagination qu'on avoit de les surmonter par vn tourment qui prend les plus fortes Villes & qui défait les plus courageuses Armées; cet artifice fut aussi inutile que les precedens, apres leur avoir fait endurer les plus effroyables supplices que la tyrannie la plus ingenieuse peut inventer, ils les massacrerent, & parmy tous ceux-là le Pere Odion Lecteur de la mesme Famille me semble vn des plus remarquables, car ayant esté prié d'aller à vn Chasteau appellé Ozan, les Heretiques l'ayant rencontré l'étranglerent, & le Pere Guidon Germain son Gardien estant aussi allé à saint Genou aupres de Paluau, les mesmes Satellites s'en estant saisis le firent cruellement mourir.

Le Convent de Mun qui est à cinq lieuës d'Orleans & pres Nostre-Dame de Clery, fut pillé par ces Suppôts de Sathan puis brûlé, ses Reliques furent exposées aux prophanations de ces sacrileges; les Religieux qui y endurerent tous les insultes imaginables & tout ce que la rage peut causer de miseres, furent contraints de prendre la fuite. Le Pere Iean Teudri qui estoit vn excellent Predicateur, ne voulut jamais sortir, afin de fortifier les Catholiques de la Ville dans leur Religion, estant pris par ces ennemis de nostre Eglise, il fut jetté dans vne noire prison, où il trouva la faim, la soif & les tenebres, il pouvoit s'exempter de toutes ces peines par des feintes, mais il ayma mieux estre exposé à tous les tourmens imaginables que de commettre cette lâcheté contre la Foy; on le mit

Avis au Lecteur.

mit en liberté, & ie me persuade qu'avant que de sortir de ce lieu il en baisa cent fois les murailles & les portes, afin de laisser au moins ces tristes marques de son amour & de sa douleur, & il ne l'eût jamais abandonné s'il n'eût esté asseuré qu'on luy preparoit d'effroyables supplices qu'il endura avec vne constance qui ravissoit tout le Paradis dans l'admiration. Ah que la mort est douce quand elle nous donne l'entrée dans le Ciel! elle n'a rien de ces horreurs qui font trembler les plus hardis, au contraire elle est parée de tous les charmes qui font aymer les belles choses.

L'an 1562. le Convent de Cholet fut entierement détruit par les heretiques, & tous les Religieux qui y demeuroient furent sacrifiez à leur fureur, ils employerent les raisons pour les surprendre, les promesses pour les seduire & adjoûterent les violences au menaces. C'est en vain leur disoient ces grands Serviteurs de Dieu, que vous voulez tenter nostre constance, car il n'y a rien dans la nature qui nous puisse faire peur, nous ne craignons point la pauvreté, puis que nous l'avons preferée aux richesses, & puis quand nous voyons que le Dieu que nous adorons est mort nud dans la Croix, nous sommes ravis d'estre dans vn état dénué de toutes choses. Croiriez-vous point que le bannissement du Royaume nous donnât de la terreur, il n'importe pas sur quelle terre on marche quand les yeux sont arrestez au Ciel & sur cet heureux séjour des predestinez, & où tous nos travaux sont couronnez par vne glorieuse eternité. Ne vous imaginez pas encor que la mort dont vous nous menacez puisse jetter dans nos ames des atteintes de frayeur, car nous la

Avis au Lecteur.

regardons comme vne faveur de Dieu, qui nous fait passer des tenebres à la lumiere, de la servitude à la liberté, & des miseres du monde à vne souveraine felicité. Enfin ces Satellites voyans la constance de ces saints Religieux desesperez de les pouvoir détourner de l'obeïssance & du respect qu'ils devoient au saint Siege Apostolique les firent cruellement mourir.

L'an 1568. la persecution des heretiques chassa ou fit mourir tous les Religieux d'Ollonne & leur Convent fut brûlé.

Celuy de Clesson souffrit la mesme violence, ces Reliques & ces titres furent consommez par le feu.

L'an 1562. le Convent de saint Martin de Teillé fut pareillement brûlé, les Religieux qui y estoient endurerent tous les outrages imaginables, particulierement le Pere Droüadesne, qui estoit tres-sçavant, fort zelé pour la gloire de Dieu & de sa profession, il eut pour Compagnon de ses peines Frere François Butault, ils furent jettez dans le feu où ils moururent. Il est à croire qu'avant qu'on leur fit souffrir ce tourment, qu'ils avoient esté exposez à beaucoup d'autres, car ils gardoient vn ordre pour persecuter les Catholiques. Premierement, ils les jettoient dans les Prisons remplies d'infection & d'obscurité, si cette dure captivité ne les étonnoit point, on les foüettoit jusques à l'effusion du sang : S'ils perseveroient encore dans la confession de la Foy, ces impies honteux d'estre vaincus par leurs courages, les precipitoient dans l'eau ou dans le feu pour s'en delivrer plus promptement, & pour épargner leur confusion. Voilà l'épreuve par laquelle passerent ces deux bons Religieux, car d'abord ils furent chargez de chaînes, & jettez dans vn cachot; leurs fers augmenterent leur courage, & les approches de la mort releverent leur esperance. Dieu du plus haut des Cieux contemploit ces illustres Captifs & préparoit des recompenses à leur valeur, & parce qu'il en vouloit faire vn exemple de force à tous les siecles à venir, il permit que ces Bourreaux apres les avoir meurtris de coups & couvert d'opprobres, les sacrifiassent au feu, où ils estoient plus consolez, que s'ils eussent esté sur vn lict de roses. Tertullien dit que le trenchant des épées, l'infamie du gybet, la rage des Tygres & des Pantheres ne sont point comparables à l'activité du feu. Où a-t'on veu vne constance plus inébranlable que celle de ces deux Martyrs dont la charité égale celle des Seraphins & qui font parmy les flammes devorantes les mesmes fonctions, dont les Bienheureux Esprits s'acquittent devant le Throne de Dieu? Mais vous qui lisez cecy, ne vous semble-t'il pas que ce grand Brasier est vn Autel où ils font vn sacrifice de leur vie à Iesus-Christ. La cruauté ne fut pas satisfaite par cette action barbare; Ces Ministres de Sathan déchargerent toute leur fureur sur la personne du Pere Tyssier Gardien du Convent, ils inventerent de nouveaux supplices pour le persecuter, & apres avoir employé contre luy tout ce qu'ils avoient appris de plus horrible dans l'école de la tyrannie, comme ils virent que toute leur rage ne servoit qu'à faire éclater davantage sa patience & sa douceur, ils le tuerent à coups de mousquets.

Le Convent de la Fonds qui estoit bâty à demie lieuë de la Rochelle, fut non seulement ruiné par les

Avis au Lecteur.

Heretiques, mais ils firent encore endurer aux Religieux tous les maux imaginables; & apres qu'ils eûrent honoré les Prisons par leur presence, & sanctifié les chaînes dont on les avoit chargez, apres qu'ils eûrent confessé la Verité dans les tortures, ils la signerent de leur propre sang, & la scellerent enfin par leur mort.

Les Heretiques établirent leur demeure dans le Convent de Verteüil, apres en avoir chassé les Religieux avec toutes les violences imaginables: Ils brûlerent encore les Convents de Fontenay le Comte, de Bressuire, des Robinieres, du Croslay, de Fougeré & de Cluys. Ie laisse à mediter au Lecteur à combien de maux & d'insultes fûrent exposez les Religieux qui estoient dans ces Familles, dont les vns fûrent meurtris de coups, les autres outragez d'opprobres, & plus de la moitié perdit la vie pour la defense de nostre Religion. N'estoit-ce pas vn ravissant spectacle de voir ces bons Peres entonner des chants d'allegresse sous les foüets & les plus affreuses machines de la cruauté qui les déchiroient, & que pouvans se delivrer de la persecution de leurs ennemis par trois paroles, ils ayent toûjours perseveré dans la Confession de la Foy? Quel des Philosophes des siecles passez, dont le nom est si celebre dans les Histoires, leur peut estre comparé? Ils ont fait des discours genereux du mépris de la mort, & quand ils en ont veu les approches, ils ont tremblé de frayeur.

Seneque l'a endurée avec crainte, Caton avec fureur, mais ces saints Religieux l'ont veu venir à eux avec constance, l'ont receuë sans émotion, & soufferte

Avis au Lecteur.

avec joye. Ils sçavoient qu'elle seroit couronnée dans le Ciel, & les esperances asseurées qu'ils avoient de la gloire, leur faisoient regarder les tyrans comme des captifs qui suivoient le Char de leur triomphe. Or si on fait vne exacte reflexion sur ce que i'ay dit, on concluera que cette Province a donné plus de cent Martyrs à Dieu : Quelle gloire ne luy est-ce point d'avoir offert à Dieu de si precieuses victimes qui ont esté égorgées pour les interests de sa gloire? Cette invincible Femme dont il est parlé dans le 5. Chapitre du 2. des Machabées, voyant que ses sept enfans avoient enduré vne cruelle mort pour le soûtien de la Loy de Dieu, disoit toute transportée de consolation, *Comment c'est-il pû faire que ie vous aye porté dans mon ventre, & ne suis-ie pas la plus heureuse de toutes les meres, de vous avoir donné mon laict & la nourriture? Ie confesse pourtant qu'encore que ie vous aye rendu tous ces bons offices, que ce n'est pas de moy que vous avez reçeu l'esprit & la vie, & que ie n'ay point assemblé vos membres dans le bel ordre où ils sont; mais c'est le Createur du monde qui est l'Auteur de vostre estre: Et comme vous avez perdu la vie pour la defense de sa Loy, aussi aura-il assez de bonté pour restituer à vostre corps l'ame qu'il luy donnoit cette mesme vie, & que la violence des tourmens en avoit separée.* Cette sainte Province n'at elle pas sujet d'avoir les mesmes sentimens de joye que cette illustre Amazone, puis qu'elle a donné la naissance, & élevé dans son sein tant de braves Religieux qui ont répandu leur sang pour la cause de Dieu parmy des supplices capables d'étonner la constance?

Voila de quelle maniere ces bons Peres avoient vécu

Avis au Lecteur.

depuis l'origine de leur Province jusques à ces malheureux temps où l'heresie s'éleva contre l'Eglise pour la faire perir; & parce que sa violence fut extreme, elle deregla presque tous ses ordres, & n'épargna pas mesme cette sainte Province, qui contre le cours des choses naturelles, s'estoit si long-temps conservée dans vne grande integrité: Car quel moyen que nostre ame ne s'imprime des vices, dont on voit tous les iours les pratiques? Il estoit donc fort mal-aisé que ces Religieux ne prissent part à la malice & à l'iniquité du monde, puis qu'on les forçoit d'y demeurer & qu'on les chassoit de leurs Conuents. Mais tout ainsi que la Providence de Dieu fit autrefois, qu'Abraham, que Loth, que Iob, & que les plus considerables Patriarches demeurerent Saints parmy des Peuples Idolatres; que Tobie observa exactement tous les preceptes de la Loy dans vne servitude, où ses compatriottes viuoient à la mode des Gentils, comme s'ils eussent perdu tous les sentimens de Religion avec la liberté; aussi Dieu ne permet pas que le desordre fût si vniversel, qu'il n'y eût encore beaucoup de saintes Ames, qui ne fléchirent point le genoüil devant l'Idole de Baal; c'est à dire, qui se conserverent dans l'observance de leur Regle. Ce fut alors qu'on les vit comme vne milice Sacrée, ou plûtost comme des Anges exterminateurs qui poursuivirent les ennemis de l'Eglise, & qui remplirent les Chaises & les Biblioteques, de leurs dépoüilles. Ils virent presques toutes les Puissances du Royaume, infectées de l'heresie, & armées contr'eux pour les faire perir: Mais le mouvement de

Avis au Lecteur.

la Grace qui les emportoit, effaçoit de leur esprit, toutes les considerations politiques qui eûssent pû arrester leur zele; Les supposts de l'Enfer les menaçoient de la mort s'ils ne le faisoient, ou s'ils ne se retractoient: Mais ces Fideles & intrepides Serviteurs de Dieu, persevererent dans leur ferveur, & souffrirent sans se plaindre, les injures qu'on leur dit, & tous les insultes qu'on leur fit. Nous ne pouvons pourtant nier que cette détestable heresie n'ayt donné de fortes atteintes à la Pieté de cette Ste Province, & qu'elle n'ayt beaucoup effacé de sa beauté durant vingt ans, qu'elle estoit si puissante, que les Roys avec leurs armées ne pouvoient arrester son orgueil, ny reprimer ses insolences; mais aussi tost qu'elle fut vn peu moins violente, il y eut de tres-vertueux Religieux qui se retirerent dans la Solitude, comme dans l'élement de l'innocence, & qui choisirent le Convent de Cluys en Berry, situé dans vne Forest, pour y garder exactement leur Regle & leurs Constitutions. Ce fut l'an 1580. que le Pere Borrhæus avec quelques autres demeura dans ce Desert: où ils vécûrent avec tant de retenuë & d'austerité, qu'on les eût pris pour des Anges incarnez. Les Loix rigoureuses qu'ils s'imposerent à eux-mesmes, & qui furent confirmez par le Reverendissime Pere Gonzague, General de l'Ordre de S. François, l'an 1584. sont vne preuve convainquante de ce que ie dis: Car outre les obligations de la Regle, comme la nudité des pieds, l'étroite Pauvreté & les Caresmes, ils ne faisoient qu'vn repas par iour, & qui n'estoit tres-souvent que de legumes & d'herbes. Ils déchiroient leur chair trois fois la

Avis au Lecteur.

semaine par de rudes disciplines; ils n'avoient pour couches que de pauvres paillasses, de sorte que toute leur vie estoit dans les exercices de la mortification & de la Priere, ou vocale ou mentale. Ie ne pense iamais dans cette interruption de Pieté arrivée en cette Province que ie ne me represente ces eaux, qui à la sortie de leurs sources, se montrent à nos yeux avec beaucoup d'agréement, & qui puis apres se cachent sous terre: elles coulent bien loing à couvert, & puis elles sortent de leur prison par vne prompte irruption, elles recommencent vn cours genereux, & se font voir avec vne liberté qui témoigne assez qu'elles n'étoient captives que par contrainte. Il en est de mesme de cette Province qui a esté plus d'vn siecle & demy dans les plus hautes pratiques de la Vertu, de sorte qu'elle avoit presque autant de Saints qu'elle avoit de Religieux: Il est vray que l'heresie & les guerres civiles ont affoibly le cours de sa Pieté durant vingt ans; mais comme vn bon Cavalier tiré des forces de sa chûte, elle s'est relevée de la sienne avec plus de vigueur, & a depuis répandu l'odeur de sa Vertu dans toutes les Provinces de la France. Et cette petite grote de Cluys a esté la source de la recollection que nous remarquons dans les Maisons de l'Ordre de S. François qui sont dans ce Royaume: C'est de cette Ecole de Sainteté que sont sortis tant d'excellens Religieux qui ont confirmé les Catholiques dans la Foy par leur Doctrine, & qui les ont édifiez par leurs actions, & qui continuent encore tous les iours, sous la conduite d'vn Chef, qui par son zele infatigable & par la force de ses exemples vivans, a achevé ce qui manquoit

à la

Avis au Lecteur.

à la perfection de cette Province.

J'ay crû qu'encore que cette observation fût vn peu longue, elle n'en seroit pas moins vtile, & que le Lecteur ne seroit pas fâché de sçavoir, ce qui peut exciter sa devotion.

La quatriéme observation, est que i'ay divisé ce petit Livre le plus justement qu'il m'a esté possible: Dans la premiere Partie, ie parle des Vertus particulieres du Bien heureux Pere GABRIEL MARIA, & dans la seconde, de ses Emplois au dehors. Et pour les fautes survenuës dans l'impression, elles me doivent estre pardonnées, puis qu'il m'a esté impossible d'estre sur les lieux à mesure qu'on en tiroit les feüilles pour les corriger.

Approbation du R. P. Provincial.

NOVS fouſſigné Frere François Segret Provincial de la Province de Touraine, Pictavienne, Permettons au Venerable Pere Paulin Du-Gaſt Gardien de noſtre Convent de Mirebeau, de faire imprimer la Vie qu'il a compoſée du Bien-heureux Pere GABRIEL MARIA autresfois, Religieux de ladite Province, Inſtituteur de la Religion de la ſainte Vierge ſous le Titre des Dix-Vertus, & de celle des Religieuſes du Tiers-Ordre de S. François ſous le titre de Ste Eliſabeth Reyne de Hongrie, pourveu que ledit Livre ſoit approuvé des Docteurs. Fait en noſtre Convent de Mirebeau ce 8. iour de Ianvier 1668. ſous noſtre ſeing & le petit ſçeau de noſtre Office.

SEGRET, Provincial ſuſdit.

Approbation des Docteurs de l'Ordre.

NOVS ſouſſignez Docteurs en Theologie de la Faculté de Paris, Certifions avoir leu & examiné vn Livre compoſé par V. P. F. Paulin Du-Gaſt Gardien du Convent de l'Obſervance de Mirebeau, lequel Livre porte pour titre, *La Vie du B. P. GABRIEL MARIA Inſtituteur de l'Ordre de la Ste Vierge ſous le nom des Dix-Vertus, &c.* Et parce que non ſeulement nous n'y avons rien trouvé de contraire à la Foy Catholique, Apoſtolique & Romaine, mais encore nous y avons remarqué d'excellentes choſes, neceſſaires pour l'inſtruction des Fideles & particulierement des Religieuſes; C'eſt pourquoy nous luy donnons noſtre Approbation. Fait ce 16. Mars 1668. au Convent des F. Mineurs de Chaſtellerault.

F. FR. HACHE.   F. HIL. LORIN.

Approbation des Docteurs de Poictiers.

NOVS ſouſſignez Docteurs en Theologie de la Faculté de Poictiers, Certifions avoir leu vn Livre qui à pour titre, *Les triomphes de la Pieté dans la Vie du Bien-heureux Pere GABRIEL MARIA del'Ordre des Fr. Mineurs*, &c. dans lequel Nous n'avons rien remarqué qui ſoit contraire à la Foy ny aux bonnes mœurs. Fait à Poictiers ce 31. Aouſt 1668.

I. RYOT.   C. MANEVY.   P. LABORDE.

TABLE DES CHAPITRES.

CHAPITRE I. *De sa Naissance.* *Pag.* 1.
CHAPITRE II. *De son Education.* *p.* 4.
CHAP. III. *De sa Vocation à l'Ordre de saint François.* *p.* 9.
CHAP. IV. *Comme il abandonna ses Parens.* *p.* 15.
CHAP. V. *Comme il reçeut l'Habit de saint François, & de la maniere dont il fit son Noviciat.* *p.* 19.
CHAP. VI. *De sa Profession.* *p.* 25.
CHAP. VII. *De ses Etudes & du progrez qu'il y faisoit.* *p.* 29.
CHAP. VIII. *De son Humilité.* *p.* 35.
CHAP. IX. *De ses Austeritez.* *p.* 41.
CHAP. X. *De la mortification interieure du Bien-heureux Pere Gabriel Maria.* *p.* 47.
CHAP. XI. *De l'Amour qu'il avoit pour Dieu.* *p.* 53.
CHAP. XII. *De l'Amour qu'il avoit pour le Prochain.* *p.* 62.
CHAP. XIII. *De sa Predication.* *p.* 69.
CHAP. XIV. *De sa Chasteté.* *p.* 75.
CHAP. XV. *De son Oraison.* *p.* 80.
CHAP. XVI. *De sa Devotion à la Passion de Nostre Seigneur.* *p.* 89.
CHAP. XVII. *De sa Devotion au Tressaint Sacrement de l'Autel.* *p.* 93.
CHAP. XVIII. *De la Devotion qu'il avoit pour la sainte Vierge.* *p.* 98.
CHAP. XIX. *De la Devotion qu'il avoit pour les Anges.* *p.* 108.
CHAP. XX. *Abbregé de ses Maximes spirituelles.* *p.* 111.

SECONDE PARTIE.

CHAPITRE I. *Des Offices qu'il a eu dans l'Ordre de saint François.* *Pag.* 120.

CHAP. II. *Du bon exemple qu'il donnoit à ses Inferieurs.* *p.* 126.

CHAP. III. *De son zele à maintenir l'Observance des Regles.* *p.* 131.

CHAP. IV. *De ses Voyages à Rome.* *p.* 137.

CHAP. V. *De l'imposition du nom de Gabriel Maria, qui luy fut donné par Leon X.* *p.* 147.

CHAP. VI. *Comme il fut Directeur de la Bien-heureuse Jeanne de France, & des bons Offices qu'il luy rendit.* *p.* 150.

CHAP. VII. *Comme il visita l'Ordre de la Bien heureuse Vierge Marie.* *p.* 156.

CHAP. VIII. *De l'excellence de l'Ordre de la Bien-heureuse Vierge Marie.* *p.* 161.

CHAP. IX. *De l'Origine des Religieuses du Tiers-Ordre de S. François, dites de Chasteau-Gontier.* *p.* 176.

CHAP. X. *De la Regle des Religieuses du Tiers-Ordre de Chasteau-Gontier sous le titre de Ste Elisabeth.* *p.* 186.

CHAP. XI. *De la multiplication des Religieuses de cet Ordre.* *p.* 190.

CHAP. XII. *De l'Excellence de cette Religion.* *p.* 196.

CHAP. XIII. *De la mort du Bien-heureux Pere Gabriel Maria.* *p.* 204.

CHAP. XIV. *De sa Sepulture.* *p.* 211.

CHAP. XV. *De ses Miracles.* *p.* 215.

LES

LES TRIOMPHES
DE LA PIETE'

Dans la Vie du Bien-heureux GABRIEL MARIA de l'Ordre des Freres Mineurs.

Instituteur de la Religion de la Sainte Vierge, sous le Titre des dix Vertus, & de celle des Religieuses du Tiers-ordre de S. François, dites de Chasteau Gontier.

CHAPITRE. I.

De sa Naissance.

IL semble que c'est vn foible éloge que de loüer vn homme pour son extraction, puis que la Nature nous a tous faits égaux. Les Egyptiens qui s'estimoient les plus sages de tous les Peuples dans les Oraisons funebres qu'ils faisoient à la gloire de leurs Defunts, ne parloient iamais de leurs Ancestres, selon la remarque de Diodore, dans la pensée qu'ils avoient

A

que nous eſtions tous Nobles. Cela ſeroit vray, ſi Adam n'eût point peché: mais depuis qu'il eut deſobey à Dieu il déchut de toutes les grandeurs de ſon Origine, & il à falu que ſes deſcendans s'y ſoient rétablis par leurs belles actions, & quoyque nous naiſſions tous avec les meſmes infirmitez, de ſorte que dans cet inſtant on ne peut diſtinguer vn Prince d'avec vn eſclave. L'experience nous fait pourtant voir que la Nature a employé plus d'adreſſe pour faire les corps des Gentils-hommes que ceux des Roturiers, parce qu'ils ont les ſens plus ſubtils, les eſprits plus vifs, les membres mieux proportionnez; Ce qui diſpoſe l'ame à exercer ſes fonctions avec plus de liberté, & quoy que le ſang des Roys ſoit de meſme couleur que celuy des Laboureurs, ſi eſt-ce pourtant qu'il à d'autres qualitez & des proprietez occultes, qui excitent fortement aux pratiques de la vertu: Auſſi Daniel qui delivra Suſanne du malheur, où la calomnie de deux infâmes Vieillards l'avoit jettée, leur reprochant leur crime les appella Race de Canaan, & non de Iuda, parce que ce Prophete ne croyoit pas qu'vne malice ſi noire peût ſortir d'vne extraction ſi illuſtre comme celle de Iuda, de laquelle devoit deſcendre le Meſſie qui pour nous inſtruire au mépris des richeſſes a voulu naiſtre d'vne pauvre Mere, qui neantmoins avoit pour ſes Ayeuls des Patriarches, des Prophetes, des Pontifes, des Roys, des Ducs, ſelon le rapport des Evangeliſtes qui ont fait vne exacte deſcription de ſa Geneologie.

Il n'y a donc rien de plus iuſte que de loüer la

Nobleſſe qui eſt le ſalaire du Courage des Ayeuls, & l'Ecriture ſainte qui eſt ſi iudicieuſe en ſes éloges, en fait vn fort éminent à celle de ces trois jeunes Seigneurs qui eſtoient captifs en Babilone, à celle d'Eleazar & de tant d'autres, & ſi S. Hierôme dans l'Epitaphe de Sainte Paule l'exalte de ce qu'elle eſt décenduë d'Agamennon, des Gracches & de tant de Gens illuſtres, qui avoient eſté l'honneur & les Protecteurs de la Republique Romaine. Ie peux ce me ſemble avec beaucoup de raiſon commencer l'Hiſtoire de la Vie du Bien-heureux GABRIEL MARIA par ſon extraction qui eſtoit Noble.

Nous liſons qu'il nâquit l'an 1463 à Rion en Auvergne de Parens qui eſtoient fort conſiderables par leur Naiſſance, par leurs Richeſſes, par leurs Employs, & plus encore par leur pieté. Ils luy communiquerent leurs belles qualitez avec les principes de la vie, de ſorte qu'il eſtoit vne expreſſion vivante de leur Vertu, car noſtre Nature n'eſt point ſi generalement corrompue par le peché, qu'elle n'aye des biens qui ſont hereditaires, ainſi les bonnes inclinations ſe coulent aſſez ſouvent avec le ſang, & c'eſt delà que nous voyons naiſtre vn Fils vaillant & liberal d'vn Pere magnifique & courageux. L'Ecriture ſainte qui a ſi fortement étably la créance du Peché Originel, nous repreſente neantmoins des Enfans à qui la probité de leurs Peres a donné de l'éclat : Elle loüe Iſaac de la pieté d'Abraham, & nous apprend qu'il rtranſmit à ſa poſterité le meſme avantage qu'il avoit receu de luy.

Puis que cela eſt, ie peux croire ſans erreur que les Parens du Bien heureux GABRIEL MARIA luy ont fait part de tant de belles Inclinations qu'ils avoient pour le bien, de ſorte que la chair & le ſang qui ne donnent que de lâches conſeils, ne luy inſpiroient que de genereux deſſeins ; mais afin qu'ils fuſſent ſuivis de l'execution, il a eſté neceſſaire que tous ces riches talens ayent eſté cultivez par les ſoins d'vne bonne education ; Et c'eſt ce que nous verrons dans le Chapitre ſuivant.

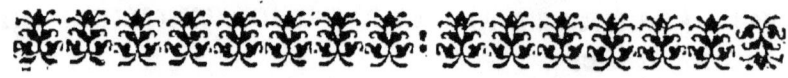

CHAPITRE II.

De ſon Education.

LA bonne Education cultive les bonnes inclinations, & empéche qu'elles ne deviennent fertiles en mal ; elle donne vn ply qui s'affermit avec l'âge, de ſorte qu'il eſt de grande conſequence de bien élever la jeuneſſe, ſi on ſouffre qu'elle s'imprime de mauvaiſes habitudes, il ſera fort difficile apres qu'elle s'en déface, car elles ont beaucoup de raport à ces accidens qu'on ne peut ſeparer de leur ſubſtance ſans la ruiner, à ces lierres qui durent autant que la muraille qui les ſoûtient, & à moins que d'eſtre aſſiſtez d'vn ſecours extraordinaire du Ciel, & s'y donner beaucoup de contraintes, on ne ſçauroit les déraciner du ſujet où elles ſe ſont établies. Si le naturel eſt bon, il eſt comme vne excellente terre, qui n'eſtant point laboureé ſe couvre plus que les autres de ronces & d'hortis. S'il eſt mauvais, qu'elle eſperance peut-on avoir de détruire des inclinations qui ſe ſont fait vn droit de leur longue poſſeſſion? On forceroit auſſitoſt vn fleuve à renoncer à ſa propre fluidité, pour demeurer dans vne ſituation auſſi morte que ſeroit celle d'vn eſtang, comme on obligeroit vn homme à quitter de mauvaiſes couſtumes avec qui il a fait vne funeſte alliance depuis pluſieurs années. C'eſt pour cela qu'on ne ſe peut pas ordinairement promettre de grandes actions de vertu d'vne perſonne qui ne s'y eſt pas apliquée dés les premiers vſages qu'elle a fait de ſa raiſon. Quoy que cette Verité ait eſté reçeuë de tous les Siecles, ie remarque toutes fois qu'elle a eſté mal pratiquée dans ceux qui ont precedé le noſtre; car tous les Gentils hommes preſque ne faiſoient point inſtruire leurs Enfans ny dans les Letres ny dans la devotion. Les vns diſoient que les Sciences ne s'accordoient pas bien avec la Milice, & qu'vne vertu calme & ſedentaire n'eſt pas capable d'entretenir cette inclination qui ne ſe plaiſt que dans le bruit des Canons. Auſſi Pirrhus ne ſe vantoit de ſurmonter la Sicile qu'à cauſe qu'elle n'eſtoit remplie que d'Orateurs qui ne ſçavoient pas manier l'épée, & qui n'eſtoient dangereux que par leurs Ecrits; Et nous ſçavons que Ciceron qui ſe mocquoit d'Antoine, quand il eſtoit éloigné de luy, trembloit de peur de le rencontrer. D'où il eſt aiſé de conclure que ſi les Sciences nous donnent d'vn cofté beaucoup de lumieres; elles alterent d'ailleurs le courage; & il falut que Socrate fe trouvât vne fois à la guerre, pour faire croire au monde que fa Philofophie ne luy infpiroit pas des fentimens contraires à ceux de la valeur. Ie ne veux pas m'arrefter à refuter cette opinion qui n'à point d'autres fondemens qu'vne vaine imagination. puis que nous voyons tous les iours des Cavaliers qui n'ignorent rien des Arts Liberaux, qui parlent de tout comme des Anges, & dans les armées valent des Alexandres, & qui prouvent vifiblement dans leurs perfonnes que la generofité & les Mufes ne font pas incompatibles.

Les autres croyoient qu'il eftoit impoffible d'vnir la pieté avec les exercices de Mars, & que pour fe rendre redoutable, il faloit faire l'enragé & méprifer la Religon, car la devotion, difoient-ils, affoiblit les courages, & la plufpart des Duelliftes de ce temps ne font-ils pas profeffion ouverte d'impieté? Ils s'imaginent eftre plus formidables, lors qu'ils entrent dans nos Eglifes de la mefme façon qu'ils vont à la Comedie, ou qu'ils s'y tiennent en des poftures de Bafteleurs, qui tournent la tefte de tous coftez, qui chaffent des yeux & de la penfée apres les objets qui peuvent contenter leurs fens, qui ne prononçent que des menfonges ou des blafphemes, & de qui toutes les actions font prefque des facrileges. Mais qui eft celuy-là qui n'a pas remarqué par l'experience & par la lecture des bons Auteurs qu'il n'y a jamais eu de plus vaillans hommes que ceux qui eftoient les plus pieux, & qu'il semble que Dieu ait voulu donner vn succes à leurs armes proportionné à leur devotion. Tous les Elemens n'ont-ils pas combattu en faveur de Iosué; le Soleil ne s'est-il pas arresté au milieu de sa course pour favoriser ses armes & pour admirer ses proüesses? A qui doit-on attribuer la défaite de Cosroes Roy des Perses, qu'à la devotion qu'Eraclius avoit pour la sainte Vierge, dont il portoit l'image durant la bataille? Il est donc veritable contre la pratique des anciens Siecles que la Pieté & la Science ne sont pas ennemies du courage, & qu'vn homme docte & devot peut estre vn grand Conquerant. Les Parens du Bien-heureux GABRIEL MARIA n'estoient pas en cét erreur, c'est pourquoy ils le firent élever avec tous les soins imaginables dans la crainte de Dieu & dans les Lettres, en attendant que l'âge luy donneroit des forces pour l'employ auquel sa Naissance le destinoit, & où il seroit le plus propre suivant le Conseil de l'Evangile, qui dit, cherchez le Royaume de Dieu devant toutes choses, & toutes choses vous succederont heureusement, les indifferentes vous seront bonnes, celles qui sont bonnes deviendront meilleures, & les mauvaises vous seront des occasions de combat & de gloire; Et parce que les Sciences sont d'elles mesmes disposées à prendre aussi bien le party du vice que celuy de la vertu, à s'interesser autant pour l'erreur que pour la verité; ce n'est assez que les Peres enferment leurs Enfans dans les Colleges, si en mesme temps ils ne les mettent sous la conduite des personnes qui les forment pour le moins autant aux exercices de la Pieté que de l'Estude. On n'a rien épargné de ces deux choses pour l'instruction du Bien-heureux GABRIEL MARIA, & il fit de si grands progrez dans la Devotion, qu'il garda inviolablement toutes les bonnes instructions qu'il en avoit receus de son Maistre, de sorte que tout ainsi comme les astres estans dans la presence du Soleil sont tous revestus de lumieres, comme toutes les spheres inferieures retiennent bien peu de leur mouvement naturel, afin d'accomplir celuy du premier mobile qui est le plus regulier; Aussi ce jeune Enfant conformoit sa vie aux enseignemens de la Vertu qu'on luy donnoit. Il ne se gehennoit point en cela, parce qu'il avoit vn naturel penchant au bien, & de plus il voyoit en sa maison les pratiques de ses divines Leçons; Et c'est ce qui luy en rendoit les exercices plus aisez, car les exemples sont puissans sur de jeunes Esprits qui dans la premiere application, où ils se donnent à la Vertu, sont fort soulagez de ce qu'ils voyent de longues instructions dans cét abregé sensible, & de n'avoir qu'à suivre vne route qu'ils ignoroient. Ie ne m'étonne donc pas s'il a donné tous les fruits de la Pieté dans la fleur de son âge, afin que nous apprenions que la grace qui a fait ce prodige en luy, n'est pas sujette à la Loy du temps, & qu'elle anticipe les années. Que personne ne méprise vostre jeunesse, dit saint Paul à Timothée, car vn chacun doit sçavoir que Dieu qui se fait loüer par la bouche des Enfans, vous a peu donner par avance toute la sagesse des Vieillards pour les fonctions de vostre ministere. Le Bien-heureux

reux Gabriel Maria a eu le mesme avantage, car il a eu vne vertu qui sembloit consommée dans vn âge où la raison est d'ordinaire l'esclave des sens, de sorte que son adolescence pouvoit servir de modele à des hommes de quarante ans. On eût crû que la devotion luy estoit naturelle ou infuse, de maniere que son Pere & sa Mere qui se voyoient effigiez en cet aymable Enfant, avoient pour luy des tendresses qu'ils n'avoient pas pour son Frere & sa Sœur qui estoient ses aînez. Pour ce qui regarde son instruction dans les Letres, il y a fait tous les progrez qu'on pouvoit desirer ; Il est vray qu'au commencement de ses Etudes on remarqua en luy vne pesanteur de memoire & d'esprit, mais elle luy fut bien tost ostée par l'intercession de sainte Catherine d'Alexandrie, à qui il eut recours, & qui luy obtint cette grace de comprendre promptement toutes ses Leçons, & de les retenir avec autant de fidelité.

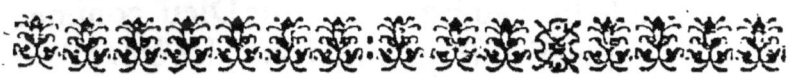

Chapitre III.
De sa Vocation à l'Ordre de Saint François.

Iesus-Christ dans le 10. Chapitre de saint Mathieu proposa autrefois vne excellente Parabole à ses Disciples, par laquelle il leur fit connoître, combien il y avoit de sortes de personnes qui se confacroient au fervice de Dieu, & qui s'appliquoient à la pratique des bonnes œuvres. Il y avoit dit il, vn Pere de Famille qui voulant mettre fa Vigne dans vn bon Ordre, fe leva de grand matin, & eftant allé dans la Place publique, où les hommes de peine ont de couftume de fe trouver, il fit marché avec tous ceux qu'il rencontra, & leur donna leur tâche ; Mais parce qu'il n'avoit pas affez d'Ouvriers, pour faire ce qu'il pretendoit, il fortit au point de neuf heures de fa Maifon, & en ayant aperçû d'autres qui n'avoient point d'employ, il les envoya pareillement dans fa Vigne pour la défricher. Il en fit autant a d'autres qui eftoient dans l'oyfiveté fur le midy, & à trois heures apres & mefme fur le foir, lors que le Soleil eftoit defia fort avancé fur fon couchant, & les recompenfa tous également, fans confiderer ceux qui avoient eu plus ou moins de fatigues.

Les premiers qui dés le point du iour font appellez au travail, me reprefentent ceux qui dés le bas âge fe font voüez au culte de Dieu, comme Samuël qui auffi toft qu'il fut fevré, fut élevé dans le Temple du Seigneur, & ne fe retira iamais de fes Autels, aufquels fa Mere l'avoit deftiné. Que ceux-là font heureux qui fuivent de bonne heure les attraits du Ciel, & fi comme les Nacres qui conçoivent les Perles aux premiers rayons du Soleil, ils fuivent les premieres lumieres de la grace qui les excitent d'entrer en Religion avant que les plus innocentes parties de leur vie foient foüillées des hordures des vices ; Que cette confecration qu'on fait à Dieu de sa personne dans ce commencement luy est agreable.

On remarque que les premieres productions sont plus excellentes que les autres : les Premieres Figues sont les meilleures : Le miel du prin-temps à plus de douceur que celuy des autres saisons : Les premieres gouttes de Vin, du Baulme & de tous les Arbres qui jettent des gommes, sont plus precieuses. Et c'est peut-estre d'où vient le droit que les Loix accordent à l'aîné d'vne famille comme au premier gage d'vn amour & au premier effet d'vne fecondité, dont les autres Enfans ne sont qu'vne suitte. Puis que cela est, vous ne devez pas douter que ces premieres victimes que nous faisons à Dieu de nous mesme aussi tost que nous avons receu l'vsage de la raison, ne soient bien receuë de Dieu, soit parce qu'elles ont encore la pureté de leur Baptême, ou parce qu'elles luy sont vne preuve du respect qu'on a pour la grandeur de sa Majesté.

Ceux qui sur les neuf heures vont à leur tâche, sont les images de ces saintes ames, qui n'estant point encore infectées des vices du monde se donnent dés la premiere inspiration qu'ils en reçoivent comme tant de jeunes gens qui se jettent dans les Cloistres à l'âge de 15. ou 16. ans Et ce sont de ceux-là dont parle le Prophete Ieremie, lors qu'il dit, Bien-heureux est celuy qui aura porté le ioug du Seigneur dés sa jeunesse, parce qu'il le met dans vn état, où les occasions du mal luy sont difficiles, & celles du bien comme necessaires. C'est là qu'on prend de saintes habitudes qui étouffent les passions dans leur germe ou dans leur naissance. La Vertu qui coûte si cher au reste des hommes, luy devient facile, elle s'établit chez luy avec beaucoup de fermeté, parce qu'elle n'y trouue point d'opposition : Elle fait mourir les concupiscences dans le berçeau : Elle fait passer ses Loix en Coûtumes & en nature ; Ainsi les puissances qui ne sont point diverties à rendre de puissans combats contre le peché, employent toutes leurs forces à faire de grandes avances dans la perfection. Il y en a d'autres qui different à rendre leurs devoirs à Dieu, jusques à ce qu'ils soient arrivez à la moitié de leur vie, comme saint Paul, qui la rage dans le cœur, les menaces à la bouche, la terreur sur le visage & l'épée à la main, menaçoit d'éteindre l'Eglise naissante dans le sang de ses Enfans ; Et estant sur le point d'executer son dessein, il est abatu par l'éclat d'vne voix qui venoit du Ciel, qui le changea tellement, qu'il devient le Predicateur de l'Evangile, dont il estoit le Persecuteur.

Enfin il y en a qui attendent jusques à la derniere extremité pour se donner à Dieu, comme le bon Larron qui blasphemoit contre le Fils de Dieu attaché dans la Croix, & presque dans le mesme moment il confessa sa faute & la Divinité de celuy qu'il offençoit avec tant d'outrage, de sorte que la derniere heure de sa vie fut la premiere de sa Vocation.

Nous devons mettre le Bien-heureux GABRIEL MARIA dans le second Ordre de ces Bien-heureux Convertis, car aussi tost qu'il fut touché de l'inspiration du Ciel pour abandonner le monde, il ne consulta point sur ce qu'il feroit : Et tout ainsi que Dieu avec deux mots créa la lumiere sensible qui éclaira tout l'Vnivers, & rendit visibles toutes les Creatures qui estoient cachées dans les tenebres ; de mesme la Grace qui luy fit voir la vanité des choses de la Terre, & l'inconstance des Creatures se rendit maistresse de son cœur, de sorte qu'il suivit tout aussi tost son impulsion. Voicy comme cela se fit :

Il avoit de l'amitié pour vne jeune Damoiselle avec le dessein de l'épouser ; Mais Dieu qui l'avoit destiné pour d'autres choses que pour le Mariage, ne permit pas que cette passion qui ne respecte ny les Roys ny leurs Sujets, regnât long temps dans son ame : car assistant vn iour au Sermon d'vn Religieux de l'Ordre de saint François, qui parlant de l'immaculée Conception de la sainte Vierge, fit le pourtrait de sa Beauté & de celuy des Ames chastes avec tant d'eloquence & de zele, qu'il fut charmé de cette Reyne des Cieux, & protesta qu'il vouloit se sacrifier pour jamais au service de celle qui avoit vne pureté sans tache & des merites sans defaut. Pensez-vous qu'il contestât long-temps en luy mesme pour rompre les chaînes qui le faisoient esclave de cette beauté qui avoit tous les merites de son sexe : Ou qu'il se fist ces violences, qui jettent les autres dans les langueurs, quand il faut qu'ils s'éloignent de ce qu'ils ont de plus cher? Croyez-vous encore qu'à l'imitation de S. Augustin il demandât de longs delais pour briser ses fers : Il n'eut pas plus de peine à executer cette genereuſe reſolution, qu'à la former : Le fonds de ſon ame eſtoit extremement net, & par conſequent fort propre à reçevoir les impreſſions de la Pieté, & parce qu'elle n'avoit point eſté ſeduite par les opinions du monde, elle vit tout auſſi toſt qu'il n'y a rien de ſi élevé ny de plus juſte que de ſervir Dieu. Il mépriſa cette pompe qui gaigne les yeux du commun peuple & ces Idoles, à qui l'ambition preſente ſes Sacrifices ; Et puis il ſe diſoit à luy meſme : Toutes choſes tendent à leurs fins; Les pierres cherchent leur centre comme le lieu de leur repos ; Tous les fleuues ſe vont perdre dans l'Ocean, d'où ils tirent leur origine : Et moy ie ne me donneray pas vniquement à Dieu qui eſt mon principe & l'objet de ma Felicité. Toutes les Creatures obeyſſent à ſa parole, fuſſe meſme dans les choſes contraires à leur nature : L'eau monte, le fer volle, le feu eſt ſans activité, le Soleil s'arreſte au milieu de ſa courſe, ou ceſſe de luire, & parmy cette ſoûmiſſion aveugle de tous les Eſtres aux Ordres de Dieu, ie demeureray ſeul rebelle à ſon inſpiration. Allons ſans plus raiſonner où ſon eſprit nous conduit ; ne craignons ny la pauvreté ny les travaux ; Il nous promet que rien ne nous manquera, ſi nous cherchons premierement ſon Royaume, & ſi nous avons confiance en cette ſouveraine Providence, qui pourvoit les oiſeaux de nourritures, ſans qu'ils en ayent le ſoing, qui couure les Lis & les Roſes de couleurs plus belles & plus éclattantes que la pompe des Monarques. Le ſaint jeune homme obeït ſi promptement aux mouvemens de la Grace, qu'il n'y eut presque point d'intervalle entre son commandement & son execution, ainsi que vous pourrez voir dans le Chapitre suivant.

CHAPITRE IV.
Comme il abandonna ses Parens.

Voy que la Grace qui sollicita le Bien-heureux GABRIEL MARIA à abandonner ses Parens, fût extremement douce; elle n'en fut pas moins forte; Car quel fonds de resolution ne deut-il point avoir, pour quitter vn Pere & vne Mere qui ne travailloient que pour sa gloire : Son Pere le regardoit comme le Successeur de ses biens, comme l'honneur de sa Famille, & le plus ferme Apuy de sa vieillesse : Sa Mere avoit pour luy toutes des tendresses imaginables : Et le feu de leur amitié s'augmentoit à proportion de ce qu'ils remarquoient en luy toutes les plus belles qualitez qui font vn jeune homme achevé, car il semble que la Grace & la Nature estoient de concert pour luy acquerir la bien-veillance de tous ceux qui le voyoient; & parce qu'il estoit d'vn naturel fort genereux & reconnoissant, il avoit des respects & des deferences inconvenables pour ceux qui luy avoient donné la vie avec vne excellente education. Ne luy faloit-il donc pas avoir vn secours extraordinaire du Ciel pour les quitter, & pour preferer les épines de la Croix aux delices qui luy estoient preparées : Et vn Courage miraculeux pour rompre des chaînes si douces, & pour sacrifier l'affection naturelle à la Charité Ie ne doute point que le Monde, la Chair & le Demon n'employassent tous leurs efforts pour le détourner de ce pieux Dessein, & que ces trois ennemis de nostre Salut ne luy fissent voir le desespoir de son Pere dans sa perte, l'agonie de sa Mere en cette cruelle separation, les larmes de celle à qui il avoit promis son amitié ; & comme il delaissoit des plaisirs veritables pour s'engager dans vne vie d'absinthe & de mortification & dans vn climat qui luy estoit incognû. Vn autre moins éclairé que luy se fût rendu à ces raisons ; Mais il se dit à luy mesme, pour s'animer à l'execution de son entreprise ; Il n'y a rien de plus commun dans le monde que les crimes, la vanité & la profusion ne s'y soûtiennent que par le vol & le pillage, de sorte qu'il est vn grand & vaste theatre de malheurs ; ses faveurs ne sont que des trahisons, & toutes ses elevations se terminent en de honteux precipices ; les dignitez les plus stables qui y excitent l'ambition de ceux qui en sont Idolatres, sont comme ces Meteores qui tombent au mesme temps qu'ils paroissent ou qui prennent diverses formes au moindre souffle du vent. On y a veu des personnes qui y ont esté dans vn grand éclat & qui ont finy leurs iours dans la confusion ; Tant de desseins pour qui la Nature sembloit trop pauvre, & le temps trop court sont passez avec vn peu de bruit comme le son d'vne cloche

che, & leur memoire est ensevelie avec leurs corps. Et peut-estre que de ces longues fatigues qui ont exercé leur vie, il ne leur reste qu'vn déplaisir eternel de l'avoir si mal employée. Ne serois-je pas le plus imprudent de tous les hommes, si j'avois des attaches pour le monde, où il y a tant d'inconstance ; Et ne feray je pas mieux de me sacrifier à la vie Religieuse; qui est vn fort pour l'innocence, vne éminente region, où les tempestes de la vie seculiere n'arrivent point, vn Ciel où regne cette paix & cette tranquillité d'esprit qu'on cherche inutilement hors du Cloistre. C'est vne terre sainte, où les vertus seules sont en estime, les biens de la fortune en mépris, & les vices en horreur, où l'on tombe moins dans le peché, & où on s'en releve plus facilement, où les consolations du Ciel abondent, & où on fait de plus grands progrez dans la Perfection. Là les plus fortes inclinations qu'on avoit au mal s'affoiblissent dans la compagnie des Saints. Puis que cela est ne serois-je pas extremement déraisonnable, si ie ne preferois cette vie à toute autre que le monde pourroit me promettre. Et quoy que son Pere l'aymât comme les prunelles de ses yeux; Que sa Mere le regardât comme vne partie de ses entrailles ; Et que cette jeune Damoiselle pour qui il avoit eu autrefois de l'inclination, eût des charmes assez puissans pour faire toutes les libertez captives; il suivit neantmoins le Conseil de saint Hierôme qui dit qu'il faut fouler tout cela sous les pieds, pour voler à l'étendart de la Croix. Il sort de son Pays, & à chaque pas qu'il fait, il fait des avances

C

si miraculeuses, qu'on diroit que c'est vn Geant qui marche, ou pluftost vn Aigle qui vole.

Il se presente au Convent de Meung situé prés du bord de la riviere de Loire, & 5. lieües au dessous de la Ville d'Orleans, & pria instamment les Religieux qui y demeuroient, de luy donner l'Habit de leur saint Ordre. Ils le luy refuserent, parce qu'il estoit trop jeune & delicat pour faire les austeritez d'vne Regle qui demandent de grandes forces de corps : Et pour ne le pas affliger, ils luy promirent que lors qu'il auroit davantage de vigueur & d'âge, ils luy accorderoient ce qu'il demandoit, s'il perseveroit dans sa resolution. Il n'en faloit pas davantage pour le rebuter de son entreprise, son courage est trop genereux pour ceder à cet obstacle que le Demon luy suscite.

De sorte qu'estant rejetté du Convent de Meung, il descend à celuy d'Amboise, où ayant fait la mesme demande que l'autre, il y receut la mesme réponse. Il faut confesser qu'il fut vn peu surpris en ce rencontre ; & en se prenant à Dieu, il luy dit amoureusement, Mon Dieu & mon Sauveur vous connoissez le fonds de mon cœur qui n'a point de plus haute ambition que de se consacrer à vostre culte. Ne souffrez pas que ie sois privé de cet honneur qui feroit toute ma felicité, si i'avois le bien de le posseder : Et vous Vierge adorable que i'ay choisi pour ma Mere, chez qui les Pecheurs trouvent vn azile asseuré, ne m'en procurez-vous point vn, où ie puisse vous servir toute ma vie? Vous m'avez obtenu de vostre Fils cette ardente resolution que i'ay formée d'entrer dans vne Religion qui luy fût particulierement dediée & à vous auſſi : Et apres m'avoir inſpiré ce deſir, vous ſouffrez que ie ſois chaſſé des Maiſons qui devroient me reçevoir. Addreſſez donc mes pas au Lieu où vous m'avez deſtiné, afin que i'accompliſſe vn Oeuvre ſi ſaint. Sa priere achevée il ſuit l'eſprit de Dieu, qui le conduit heureuſement au Convent de la Fonds qui eſtoit à demie lieüe pres de la Rochelle, où il trouva des Religieux qui fûrent ſi fort touchez de ſon zele, qu'ils luy promirent de luy donner leur Habit. Quelles conſolations ne reſſentit il point, quand il ſe vit reçeu dans cette devote Compagnie? Il faudroit voir les mouvemens ſacrez de ſon ame, les épanchemens de ſon cœur & les larmes qui couloient de ſes yeux pour connoiſtre les excez de ſa ioye d'eſtre introduit en cette Maiſon de Dieu.

CHAPITRE V.

Comme il reçeut l'Habit de ſaint François, & de la maniere dont il fit ſon Noviciat.

ON ſçait la ſeverité avec laquelle les anciens Anachoretes traitoient leurs Poſtulans, & les mortifications dont on éprouvoit leur conſtance. On n'en vſa pas de meſme envers le Bien-heureux GABRIEL MARIA, car dés le moment que les Religieux le virent, ils furent inſpirez de le reçevoir à l'Habit. Auſſi toſt qu'il en fut veſtu, il ſe dit à luy meſme; Quelles reconnoiſſances rendray-je maintenant à Dieu de ce que ie ſuis libre pour le ſervir. Ie n'ay d'ambition que pour le ſoûtien des intereſts de ſa gloire, & cette condition qui me donne vne place parmy ceux qui le loüent iour & nuit m'eſt plus honorable que ſi ie commandois à toute la terre. Admirez avec moy mon cher Lecteur, la maniere dont il fit tous ſes exercices de Novice. Il s'en acquitta avec autant de zele & d'exactitude, qu'il eſtonna les plus Anciens. Il affectoit ordinairement les plus humbles & les plus penibles Offices, comme de balier, faire la cuiſine & aſſiſter aux Malades. Il avoit vne devotion particuliere au ſaint Sacrement de l'Autel, & il répondoit à toutes les Meſſes avec autant de retenuë & de pieté, qu'vn Ange n'eût pas mieux fait ce qui l'excitoit à cette ferveur; c'eſt ce qui luy repreſentoit le Myſtere de la Paſſion de Ieſus-Chriſt, qui eſt le prix de noſtre liberté, la ſource des Graces qui ont fait les Saints, & qui leur ont donné ce qu'ils poſſedent de Beatitude. Il eſtoit dans cette créance que nos prieres ne ſont jamais ſi bien repreſentées au Pere Eternel qu'avec le ſacrifice volontaire de ſon Fils, & que nos crimes ne pouvoient avoir vn plus favorable Interceſſeur que cette Victime innocente offerte pour expier les pechez de tout le monde. L'Egliſe eſtoit ſa plus commune demeure, il y aſſiſtoit avec tant d'attention que rien n'eſtoit capable de le divertir, & pour éviter toutes les occaſions des diſtractions, il choiſiſſoit la nuit qui eſt vn temps où le profond silence des Creatures & l'absence des objets couverts de tenebres contribue beaucoup au recueillement interieur necessaire pour la contemplation. La Terre qui disparoît, le Ciel brillant de milles Etoiles qui seul se montre à nos yeux, invite nostre ame à s'élever à Dieu. Le Prophete ayant admiré tous les Estres qui le long du iour loüent Dieu, par ce qu'ils ont de beauté & d'actions, & les en voyant privez durant la nuit, se persuadoit qu'il estoit obligé de suppléer à leurs defauts, & de chanter les louanges Divines en ces temps, où elles ne peuvent satisfaire à ce devoir. Le Bien-heureux GABRIEL MARIA touché du mesme motif passoit presque toute la nuit dans l'Oraison, & il s'excitoit à cette assiduité de cette maniere; Combien y at il d'Avares & d'Ambitieux qui se tuent pour acquerir de la gloire ou des richesses, & qui sont si furieusement tourmentez par ces deux passions, qu'ils n'ont pas vn moment de repos, & ne me seroit-ce pas vn honteux reproche si i'avois moins de zele pour la gloire de mon Dieu, que ceux-là ont d'amour pour l'honneur ou pour des biens perissables? Et ne diroit-on pas que celuy que ie dois avoir pour Dieu & pour mon salut seroit bien foible dans mon ame, si du moins ie ne coupois mon sommeil en deux, pour rendre à sa souveraine Majesté ce que ie luy dois & à mes plus chers interests. De sorte qu'en quel temps que ce fût, il estoit toûjours le premier au Chœur pour demander à Dieu la grace de luy offrir tout son esprit & tout son cœur en ce sacrifice de loüange qu'il luy alloit offrir, & imiter les Anges qui sont tous entiers aux employs propres à leur Hierarchie. Et c'est pour cela qu'il assistoit aux Heures Canoniales avec vne ame parfaitement dégagée du monde & du soin des choses exterieures. Et lors qu'il se representoit que Dieu avoit choisi les Temples pour y recevoir nos adorations, & pour nous y distribuer ses graces; il n'est pas imaginable avec quels profonds respects il y entroit pour luy rendre ses hommages dans la Compagnie des Saints. Or si sa Devotion fut si admirable, le desir de se perfectionner en toutes sortes de Vertus ne le fut pas moins; il estoit dans vne Echole où il luy estoit fort aisé de les apprendre toutes par les Leçons qu'on luy en faisoit, & qui estoient fortifiées par les exemples; de maniere qu'il pouvoit les faire siennes par l'imitation : Et non seulement il s'arrestoit à l'humilité de l'vn, à la ferveur de l'autre, à l'obeïssance des plus âgez, & à la diligence des plus jeunes; Mais il les consideroit toutes avec vne forte resolution de se les approprier, imitant en cela l'Abeille qui pille toutes les fleurs du Iardin de son Maistre pour les luy convertir en miel. Ses mortifications estoient prodigieuses, & à voir son zele en cela vous eussiez dit qu'il vouloit se changer de toutes celles de la Thebayde. De sorte que son Pere Maistre voyant qu'il estoit sur le point de succomber sous le faix, fut contraint de les moderer; & pour reprimer sa ferveur qui surpassoit ses forces, il luy disoit souvent. Mon Enfant, les austeritez que les Religieux entreprennent au dessus de la Communauté, doivent estre temperées, de sorte par le Superieur qu'elles servent de modele de Vertu, sans qu'elles favorisent la vanité ou l'indiscretion de celuy qui les fait, & nos Anciens qui estoient consommez dans la vie spirituelle, les tenoient souvent pour suspectes, & croyoient que nous avions assez de secrettes occasions de mortifier nos sens & nostre volonté, sans nous rendre le sujet de divers jugemens dans vne Communauté. De plus le Demon à cent mil artifices pour nous tromper, & souvent il nous persuade de faire plus de penitences que nous ne pouvons, afin puis apres de nous rendre inhabiles pour toutes les fonctions de la Regle. Attachez vous à la Communauté, Dieu y est, & y preside : Contentez-vous du temps prescrit par nos Peres pour l'Oraison, les Ieûnes & les Disciplines : Leurs Statuts sont les Ordres du saint Esprit qui estoit leur Directeur. La resignation à la volonté de Dieu & à leurs Constitutions suppléera pour tous ses exercices, où vous desireriez vous engager. Mais pour la singularité il la faut fuir comme la peste des Religions & la Mere de l'Apostasie. C'est de cette sorte que ce sçavant Pere Maître retenoit le zele de ce saint Novice qui luy estoit si soûmis, qu'il sembloit n'avoir que des yeux & des oreilles pour recevoir les instructions, que des mains pour les executer avec vne suspension de Iugement si aveugle, qu'elle ne permettoit pas à sa bouche de faire la moindre replique : Et tout ainsi comme le Soleil dans la création fut dans son midy, c'est à dire dans la plenitude de ses lumieres, de ses chaleurs & de ses Vertûs; De mesme cet illustre Novice eut presque dés l'entrée de la Religion la Pieté des Anciens : Ses commencemens dans la Devotion fûrent des Chefs-d'œuvres. Rien ne luy paroissoit difficile avec la grace de Dieu qui le fortifioit, & les plus rudes pratiques du Cloistre luy sembloient delicieuses. Que diront à cela ces Novices qui n'ont point de ferveur, & qui sont lents en leurs devoirs & paresseux pour leurs obligations ; Ne peut on pas juger que s'ils font les vœux ils seront dans la suitte du temps les scandales de leur Ordre & les Transgresseurs de leur Regles. Les Anciens sont ravis, quand ils voyent des Novices qui ont des mœurs innocentes & vn grand feu pour le service de Dieu qui ayment les mortifications, & qui n'ayant rien de l'inconstance de leur âge ont toute la prudence des Vieillards. On croit aussi tost que ces personnes qui sont majeures à dix-huit ans sont nées pour commander aux autres, pour établir de bonnes Loix & pour oster les abus. On les regarde comme les Appuys des Religions & les presages de leur gloire ; Et c'est le jugement que ces bons Peres du Convent de la Fonds firent du Bien heureux GABRIEL MARIA apres avoir remarqué en luy vne humilité si profonde, vne oraison si fervente, vne assiduité infatigable pour l'Eglise & pour tous les exercices de la Pieté avec vne conduite si juste en toutes ses actions, qu'il n'y avoit rien de si judicieux. Aussi témoignerent ils le haut sentiment qu'ils avoient de luy, quand ils luy donnerent leurs suffrages pour sa Profession : Et c'est le sujet du Chapitre suivant.

CHA-

Chapitre VI.
De sa Profession.

JE me suis autrefois imaginé la ioye d'vn Pilote qui apperçoit le Port; où il doit aborder, elle est d'autant plus grande qu'il a eu d'avantage de de peine durant le cours de sa navigation; Car si durant vingt mois il n'a point veu d'autres objets que le Ciel brillant d'éclairs & l'eau écumante de colere, & qu'en cent mille rencontres il ayt esté en hazard de perdre la vie, & qu'apres avoir surmonté tant de dangers & d'ennemis, il arive heureusement au lieu de sa Naissance avec son Vaisseau chargé de perles & de thresors, N'est-il pas vray qu'il à vne satisfaction inexplicable? Celle d'vn Conquerant n'est pas moindre, lors qu'il est honoré du triomphe, apres avoir subjugué des Monarchies toutes entieres, & les avoir soûmises à ses Loix. Et pour bien expliquer vne ioye achevée, disons avec le Sauveur; Que ne fait point vne Dame qui ayant perdu son Diamant qui faisoit le plus riche ornement de sa teste, le retrouve apres avoir renversé tous les meubles de sa maison; elle est tellement transportée qu'elle assemble tous ses Proches & tout son voisinage, & les sollicite autant qu'elle peut de prendre part en sa bonne fortune; Mais tout cela n'est rien en comparaison des consolations interieures que reçeut le Bien-heureux Pere GA-BRIEL MARIA, quand il fut sur le point de se consacrer à Dieu pour toute sa vie par la solemnité des Vœux de Religion, car il regardoit ce iour-là comme le port de son salut qui le sauvoit des écueils & des orages du monde, où tant de personnes font vn triste naufrage, c'est pourquoy il est ravy de ce qu'il mourra bien tost à ses pompes & à ses vanitez, & de ce qu'il sera vne hostie vivante pour loüer à jamais Dieu & sa tres-sainte Mere. Apres donc que les Religieux du Convent de la Fonds qui avoient admiré en luy tant de Vertus, luy eurent donné leur voix pour la Profession, il se prepara à cét action avec vne devotion extraordinaire, & s'addressant à Dieu, il luy dit, Seigneur ie sçay que vous n'avez autresfois rejetté le sacrifice des animaux qu'on égorgeoit sur vos Autels. Mais puis que vous avez témoigné que celuy d'vn cœur vous étoit plus agreable; Reçevez l'oblation que ie vous fais de toute ma personne qui n'aura plus d'empressement ny de pensées que pour les progrez de vostre gloire. Ne regardez pas le peu que ie vous donne, mais l'affection avec laquelle ie vous l'offre : Que si vous me faites l'honneur que de m'accepter pour vostre, ie m'estimeray plus glorieux que si ie remplissois le premier thrône de l'vnivers. I'ay encore vne seconde faveur à vous demander, ô mon Dieu, qui est que vous ne souffriez pas que cette victime soit retirée de dessus vos Autels pour servir aux vsages des choses prophanes : C'est vostre interest de vous la conserver toute entiere, apres l'avoir enlevée au Monde, au Diable & à la Chair. Il fit ses Vœux avec vne devotion incroyable, & dans ce moment il sentoit en luy mesme tant de saintes ardeurs qui l'enflammoient, & tant de mouvemens sacrez qui le transportoient au Ciel ; Que si vous l'eussiez veu, vous l'eussiez pris pour vn Seraphin incarné ; c'est asseuré qu'il avoit vne Sainteté consommée dés la sortie de son Noviciat. Voilà vn homme nouveau dans la pensée de l'Apostre ; il dit qu'il faut que nous fassions genereusement mourir chez nous le vieil Adam en détestant la fornication, les impudicitez & les injustes desirs qui offensent les Loix de la Nature, & l'avarice qu'on peut appeller vne honteuse servitude des Idoles, car tous ses crimes attirent la vengeance de Dieu sur ceux qui s'y abandonnent.

Ce n'est pas assez de s'abstenir de toutes ces choses, il faut encore avoir vne pureté de mœurs si parfaite qu'elle soit exempte de la colere & de la médisance : Enfin on doit entierement se dépoüiller du vieil homme avec toutes ses actions, & se revestir du nouveau par le moyen de la grace pour connoître Dieu, pour l'aymer & pour le servir, afin de porter son Image que le peché avoit effacée.

Cét homme nouveau c'est Iesus-Christ qui doit vivre parfaitement en vous, y agir sans resistance, commencer, poursuivre & achever toutes choses, tellement que la premiere disposition qui est necessaire pour arriver à cette heureuse vie, c'est de renoncer d'effet & d'affection au monde, à ses vanitez & à toutes sortes de vices, & lors qu'vne ame est dans cét état, l'esprit de Dieu qui s'en rend le maître, se rend aussi le principe de tous ses mouvemens. Admirez cela dans ce jeune Profez qui se voyant engagé dans la vie Religieuse, fit aussi tost voir qu'il estoit mort au monde & à toutes ses concupiscences.

Ses yeux qui estoient fermez à tous les objets qui sont propres à flatter les passions prouvoient fortement que le cœur les avoit abandonnées avec mépris. Sa bouche n'estoit plus ouverte que pour chanter les loüanges de Dieu : Ses pieds n'avoient de mouvemens que pour aller aux lieux où l'obedience l'appelloit : Ses oreilles n'écoutoient plus que la voix de Dieu : La pauvreté estoit son thresor : Les austeritez estoient ses delices & les humiliations faisoient toute sa gloire : Sa liberté estoit dans la soûmission : & la servitude de l'Evangile luy estoit plus chere que les Empires. Vous n'aurez pas de peine à croire ce que ie vous dis, si vous considerez qu'il avoit vn interieur extremement dégagé de la terre, & qui par cette suspension des sens tâchoit de recueillir toutes les forces de l'ame pour les employer aux actions d'vne vie Celeste. Quelle gloire de vivre de l'esprit de Dieu dans vne chair mortelle ? N'est ce pas là vn heureux état que nous devrions rechercher avec tous les empressemens imaginables & par vne assiduité de soins infatigable?

Vn homme dis-je, qui est en cét état, voit de ce haut siege où il est élevé, les affaires les plus importantes de l'vnivers comme des bagatelles d'enfans. Il se mocque de ceux qui perdent leur repos pour acquerir de l'estime parmy les Creatures, dont le jugement est souvent accompagné d'erreur. Il voit avec indifference tous les plaisirs de la terre; son ame qui est toûjours attachée à ces grands spectacles de l'Eternité, rejette tous les plus considerables employs d'vn Etat, les plus éminentes conditions de la Fortune luy semblent ridicules, parce qu'il demeure dans le Ciel, & il faudroit qu'il décendît pour s'asseoir dessus vn thrône. Et c'est la situation où vous avez veu le B. P. GABRIEL MARIA apres qu'il eut fait sa Profession: Car le monde estoit tellement crucifié dans son cœur, pour le dire dans les termes d'vn Apostre, qu'il avoit de l'horreur pour toutes ses pompes, il estoit si détaché des choses de la terre, qu'on l'eût pris pourvne de ses plus pures intelligences qui sont dans le Ciel, & la Charité qui s'estoit rendu la maîtresse de son ame luy communiquoit vne vie Divine.

CHAPITRE VII.

De ses Etudes & du progrez qu'il y faisoit.

NOus remarquons que trois choses sont necessaires pour faire vn sçavant homme. La premiere est vn docte Precepteur, c'est pourquoy nous voyons que les Parens sont si soigneux de mettre leurs enfans sous la conduite des gens qui soient habiles. Et saint Hierôme remarque qu'il y en a eu beaucoup qui pour contenter la passion qu'ils avoient d'estre Philosophes, ont traversé les Royaumes, sans craindre les perils de la Terre, de la Mer, ny des Montagnes, afin d'estre reçeus dans l'Ecole de Platon : Et la Reine de Saba qui avoit le mesme desir, abandonna tous ses Etats pour venir en Ierusalem entendre Salomon, à qui la Sagesse avoit esté donnée par infusion & dont les paroles estoient autant d'oracles.

La seconde chose c'est le travail, car ce seroit en vain qu'on auroit vn excellent Maistre & vn esprit subtil, si on ne s'appliquoit fortement à l'Etude; Et comme disoient autresfois les anciens, la science est vn arbre dont la racine est fort amere à cause des difficultez qui l'accompagnent, & qui ne peuvent estre vaincuës que par vne longue assiduité : Et c'est pour cela qu'on dit que les Colleges sont des prisons fâcheuses, les Ecoliers sont des innocens malheureux, les Pedagogues des tyrans insupportables. Mais apres tout il faut souffrir cette contrainte pour estre instruit : Les Muses veulent estre caressées, & il leur faut faire long temps la cour avant que d'estre introduit dans cét auguste Sanctuaire, où elles tiennent leurs thresors cachez ; Et nous remarquons souvent qu'apres avoir employé beaucoup d'années à les servir & à les rechercher, Ces superbes Maîtresses ne nous ont fait part que de leurs plus communes faveurs, & nous apprenons à nos dépens que l'ignorance est vn mal aussi difficile à guerir que la concupiscence.

La troisiéme chose c'est qu'il faut que l'Ecolier aye de l'aptitude pour les Sciences, c'est à dire qu'il aye vn esprit vif qui conçoive promptement les choses, & vne excellente memoire pour les retenir; Car à moins que de cela on n'auroit pas fait davantage, que si on avoit marqué toute l'Iliade d'Homere sur la poussiere que le moindre vent éleve dans l'air. On voit des Enfans qui ont tant de pesanteur pour les Letres, qu'elle ne sauroit estre surmontée par aucun travail. Il y en a d'autres qui promettent des merveilles au commencement de leurs Etudes; ils apprenent plus qu'on ne veut, de sorte que le brillant de leur esprit les fait admirer, & donne de hautes esperances pour le temps à venir; Mais elles sont ordinairement trompeuses, parce que cette pointe d'esprit s'émousse peu à peu ou la memoire devient confuse par vne surcharge de lecture. Tellement qu'il est rare que ces productions si hastées soient excellentes, & que des fruits si tost meurs soient bons, parce que la Nature qu'on a forcée, se vange sur l'vsurpation qu'on a fait sur ses droits, & convertît souvent en folie cette vivacité qui nous ravissoit.

Vn peu de temps apres que le Bien-heureux Pere GABRIEL MARIA eut fait sa Profession, on l'appliqua à l'Etude, où il fit d'admirables progrez. Il eut premierement de grands Personnages pour ses Maîtres dans la Philosophie & dans la Theologie, & l'observance qui estoit en sa plus éclatante splendeur, avoit alors vne prodigieuse multitude de sçavans hommes. Mais ce qui luy servit beaucoup, c'est qu'il joignoit toûjours la Priere à son Etude : Ces deux, sont deux mains, qui vnissans leurs forces pour ayder & soulager l'esprit, mettent bien tost vn homme en possession des Sciences qui ne se donnent qu'apres beaucoup de fatigues & de veilles.

L'Etude bannit de l'entendement tous les phantômes importuns qui luy peuvent causer de la distraction; elle dégage le cœur des plus brutales passions, & le rend plus susceptibles des impressions divines. L'Oraison acheve ce que l'Etude avoit commencé, & elle montre à l'esprit l'original dont il n'avoit veu que la copie; Ces lumieres que Dieu y verse durant la meditation, luy font paroître les choses avec clarté que la raison humaine ne promet montrer que dans l'obscurité. Il ne se faut donc pas estonner si le Bien-heureux Pere GABRIEL MARIA a esté si sçavant, puis qu'il a eu de si excellens Directeurs; Car il est tres-asseuré que c'est par la Priere que nous obligeons Dieu à se rendre nostre Maître Et qui pourroit estre ignorant sous sa conduite? Qui ne sçait qu'il a donné à des Laboureurs des connoissances plus sublimes de son estre, que n'en ont jamais eu Platon & Aristote par la force de leurs speculations, & l'Histoire nous apprend qu'il a plus communiqué de ses secrets à de petites Filles qu'à de grands Theologiens. Ie ne parle point des deux Catherines, d'Alexandrie & de Sienne, des Brigides & des Thereses, qui ont aussi solidement raisonné de nos Mysteres que nos plus fameux Docteurs.

Saint

Saint Paul apprit dans vne extase des veritez si éminentes des Grandeurs de Dieu, qu'elles ne se peuvent exprimer par le discours. L'Apôtre de la France parle de quelques Saints qui ont reçeu leur instruction du Ciel, & qui estans dans vn état passif à l'égard des choses Divines en ont eu de sublimes idées sans Etude. Dieu veut quelques fois instruire immediatement les ames, leur donner la lumiere aussi bien que l'estre par soy mesme sans les longueurs du temps & l'entremise des Creatures. C'est ainsi qu'il en vse envers ceux qu'il a destinez pour estre des Vaisseaux d'élection, dans l'ame desquels il verse ses Graces, afin qu'ils les répandent sur les nations. C'est de cette sorte qu'il a traité le Bien-heureux Pere GABRIEL MARIA; car non seulement il a beny ses Etudes, mais il a encore gratifié des Dons de la Science, de l'Eloquence, du Conseil, parce qu'il l'avoit choisi pour estre vn grand Soleil dans son Ordre, & vn des plus excellens Predicateurs de l'Europe.

La seconde chose necessaire pour estre sçavant c'est la disposition de l'esprit. Il est vray que ce saint Religieux l'avoit au commencement de ses Etudes vn peu pesant, mais cét obstacle luy fut bien tost osté, parce qu'il eut recours à sainte Catherine d'Alexandrie qui luy obtint cette faveur de nostre Seigneur, de sorte qu'il conçevoit tres promptement les choses, & les retenoit avec vne fermeté admirable.

Il faut enfin estre laborieux pour estre docte, & il s'en est fort peu veu qui l'ayent égalé en ce point;

E

puis qu'il paſſoit les iours & les nuits dans l'Etude, & on l'a ſouvent veu la face tombée ſur le livre, quand elle eſtoit appeſantie par la neceſſité du ſommeil. Ordinairement les hommes ne cultivent les Sciences qu'autant qu'elles leur ſont vtiles pour en tirer du profit, ou pour s'acquitter ſeulement de leurs Charges, & en cela ils les reſſerrent en des bornes fort étroites, & les rendent eſclaves de leurs intereſts. Mais le Bien-heureux GABRIEL MARIA avoit bien d'autres veuës, & parce qu'il n'avoit point de limites dans ſa Charité, il n'en avoit point pareillement pour les Sciences ; il tâchoit de les poſſeder toutes, & dans leur plus grande perfection, pour mieux connoître les Perfections de Dieu, & inſtruire ſon Prochain. Ie ne m'étonne donc pas, ſi eſtant animé de cét eſprit il a fait de ſi admirables progrez dans la Philoſophie & dans la Theologie durant vingt ans qu'il l'étudia comme Ecolier pour l'apprendre, ou comme Maître pour l'enſeigner, que les plus habiles de ſon ſiecle diſoient communement que ſi les Sciences eſtoient mortes il pourroit en eſtre le ſecond Pere pour les faire revivre. Il avoit vn eſprit tres-élevé qui faiſoit des merveilles, quand il vouloit, & qu'on pouvoit mettre dans la categorie de ſes Originaux, dont les Arts ont pris leurs commencemens & leurs preceptes. Auſſi le Pape Leon X. qui connoiſſoit ſon extraordinaire capacité, luy donna de ſon propre mouvement le Bonnet de Docteur, qui eſt vne faveur qui à fort peu d'exemples. Il s'y oppoſa autant qu'il peût, mais toutes ſes reſiſtances ne ſervirent qu'à rendre le

Souverain Pontife plus constant dans son dessein.

Tous ceux qui connoissoient son merite, le pressoient instamment de se faire Docteur en quelque fameuse Vniversité, & qu'il en seroit plus honoré: Mais il ne voulut jamais condécendre à leurs prieres: Il s'estoit acquis vne si grande facilité de parler de toutes choses, qu'il faisoit sans preparation des sermons & des discours sur toutes matieres qu'on luy proposoit, & on en garde beaucoup comme vne precieuse Relique dans le Monastere de l'Annonciade de Bourges, dans lesquels on remarque vne haute Doctrine avec vne Pieté miraculeuse qui est le caractere particulier par lequel il se fait connoître & distinguer d'avec les autres. Combien n'a t'il point confondu de Docteurs qui nioient la Conception Immaculée de la sainte Vierge, & qui fûrent si puissamment convaincus par la force de ses raisons, qu'ils fûrent contraints de s'y rendre.

CHAPITRE VIII.

De son Humilité.

JE remarque qu'il y a trois sortes d'humilité. La premiere est dans le cœur, & c'est lors qu'on à de tres bas sentimens de sa personne, comme saint Iean Baptiste qui a esté le plus grand de tous les hommes en Vertu selon le dire du Sauveur, qui neantmoins ne s'eſtime qu'vne foible voix qui crie dans le Deſert.

La ſeconde c'eſt dans la langue qui ſe manifeſte par les paroles, où l'on fait toûjours paroître vne extreme modeſtie comme la ſainte Vierge qui eſtant ſaluée par l'Archange Gabriel, pleine de grace, & aſſeurée qu'elle ſeroit Mere de Dieu, ne ſe nomma que la ſervante du Seigneur.

La troiſiéme eſt dans les mains, c'eſt à dire dans les actions : La premiere eſt bonne, la ſeconde eſt meilleure, & la troiſiéme eſt la plus parfaite.

Le Bien-heureux Pere GABRIEL MARIA s'eſt rendu admirable en ces trois ſortes d'Humilité : Il diſoit ordinairement que pour eſtre vn vray Diſciple de Ieſus-Chriſt, il faloit commencer par la connoiſſance de ſes defauts, & s'y arreſter avec vne attentive meditation. Toute l'occupation de cét excellent Religieux eſtoit de rechercher tres-exactement ce qu'il y avoit à blâmer dans ſa conduite, de ſorte qu'il eſtoit extrememenţ ingenieux & addroit pour éloigner de luy comme vne peſte toutes les penſées de vanité, & on a appris de luy meſme qu'il n'y avoit rien qui contribuât davantage pour noſtre avancement dans la Perfection que d'eſtre vn continuel & rigoureux Cenſeur de ſes actions ; Et quoy qu'il fût l'Oracle de ſon temps, & qu'on s'addreſſât à luy de toutes parts, pour recevoir ſes reſolutions ſur les doutes qu'on avoit, ſoit pour la conſcience, ſoit pour la conduite des Religions, où il avoit vne experience conſommée; Il avoit neantmoins toûjours vne fort baſſe opinion de luy mesme, & apres s'estre ponctuellement acquitté de toutes ses obligations, il se croyoit toûjours vn seruiteur inutile.

Il estoit fort reservé à cacher les Graces qu'il auoit reçeües, nous auons dit que le Pape Leon X. l'auoit fait Docteur. On ne le sçeut qu'apres sa mort, lors qu'on trouua parmy ses papiers le Bonnet & les expeditions que sa Sainteté l'auoit forcé d'accepter.

L'Evesque d'Alby estant à Saint Maximin en Provence, le pria d'estre son Directeur dans vne Confession generale qu'il luy fit de toute sa vie, & puis il eut devotion de baiser le Chef de Ste Marie Magdelaine qu'on garde en ce mesme lieu; Le Bienheureux Pere GABRIEL MARIA le prit dessus l'Autel, & le luy presenta, mais apres que l'Evesque eut satisfait à son desir, & apliqué ses leures à l'endroit qui est encore vn peu couuert de chair que l'on tient estre celuy que nostre Seigneur toucha de ses doigts apres sa Resurrection, lors que cette sainte Penitente voulut s'approcher de luy, ce petit morceau de chair tomba, ce bon Prelat attribua cét accident à vne iuste punition de ses pechez. Ce saint Religieux se mit en prieres, & puis prenant la chair qui estoit détachée de sa place, la luy remit, & s'y attacha aussy fortement, quelle estoit auparauant. Cette merueille n'est pas peu considerable : vne piece de chair toute seiche se recolle & se rejoint au lieu où elle estoit comme si elle eût esté humide & gluante ? N'est-ce pas là vn prodige assez remarquable pour le mettre dans l'estime d'vn Saint,

E 3

& neantmoins il n'en parla jamais.

Enfin il a témoigné son humilité en toutes ses actions, s'il est dans vn Convent, ne le cherchez que dans les plus bas Offices; comme ballier les Cloistres & les Oratoires, laver les habits, servir les malades ; Et il est plus content dans tous ces vils exercices que ne seroit vn Conquerant, lors qu'il reçoit la gloire du triomphe. Il n'est jamais plus mortifié que lors qu'on luy veut rendre de l'honneur : Estant obligé de faire quelque sejour à Bourges, à cause qu'il estoit Directeur ordinaire de la Bien-heureuse Ieanne de France, tous ceux de la Ville qui connoissoient ses rares merites, s'efforçoient de luy rendre les respects qui luy estoient deus, mais il les fuyoit à l'imitation de son Sauveur qui se cacha, lors qu'on le voulut faire Roy, & qui n'eut jamais d'ambition que pour vn throne qui fait peur à la vanité. Les Docteurs luy vouloient ceder leur place, & il ne prenoit que les dernieres dans ces grandes Assemblées, où il pouvoit paroître comme vn Astre, de sorte que l'Humilité presidoit en toutes ses actions qui n'avoient rien de singulier que la Devotion & la Modestie.

Dans les divers voyages qu'il a faits à Rome tant pour les affaires de son Ordre, que pour d'autres motifs de Pieté. Les souverains Pontifes l'ayans entendu raisonner en beaucoup d'audiences qu'ils luy donnerent sur le sujet de ses negociations, & ayans remarqué en luy vne forte pointe d'esprit toûjours presente, vn jugement solide, vne memoire heureuse, vne prudence achevée, & vne éminente vertu, le voulûrent retenir auprés d'eux pour se servir de ses conseils, & pour le destiner aux affaires les plus importantes de la Chrestienté. Et pour l'arrester, ils luy offrirent des Croces & des Mitres; Il les refusa, & témoigna qu'il faisoit plus d'estime de l'humilité de sa Profession que de toute les grandeurs de la Terre. L'ambition estoit morte dans son cœur, parce que la Charité y regnoit. Cette Vertu qui n'a pas moins de lumiere que de chaleur, luy auoit fait connoître que les plus illustres employs ne doivent pas estre recherchez ny attendus, & qu'il y a de grands sujets d'humiliations dans les Charges qui demandent plus qu'on ne peut où il est rare de faire ce qu'on doit, qui ostent toutes les libertez avec celles de l'esprit, qui n'ont que des servitudes sous pretexte de commandemens. C'est peut-estre pour ses considerations qu'vn des Cesars disoit ordinairement qu'vn homme qui estoit couvert du sac qui le defendoit du froid & des injures du temps, & qui a du pain & de l'eau pour se nourrir, estoit plus heureux que celuy qui avoit vn Diademe sur sa teste, & que quand il en verroit cent mille à ses pieds, il ne s'abbaisseroit pas pour en prendre vn. Rome a admiré l'Humilité du Bien heureux Pere GABRIEL MARIA pour le refus qu'il a fait des premieres dignitez de l'Eglise, & qui ayme mieux sa condition de F. Mineur que toutes les richesses qu'on luy puisse proposer. Il me semble que celuy qui lit cét écrit, dit en luy mesme, puis que ce S. Religieux n'a point voulu reçevoir les Evéchez que les Papes & les Roys luy ont presenté, comment est-ce donc qu'il a accepté les plus considerables Offices de son Ordre ? C'est que dans ceux-cy, qu'il n'a pourtant jamais reçeu que par contrainte, il ne renonçoit point à la vie Religieuse, & ne s'embarassoit point dans les soins de revenus qui sont vne diversion des pensées qu'on doit à Dieu, Et encore qu'il fût Superieur d'vne grande Famille, il ne s'emporta point à la vanité pour cela. Il est vray que les Charges éminentes demandent vne certaine mesure d'esprit qui ne soient ny trop bas ny trop élevez pour leurs fonctions, car leur dignité seroit beaucoup alterée, si on les commettoit à ses petites ames qui ne sont nées que pour l'ombre & pour le silence, & qui deviennent éblouïs du moindre éclat. Elles ne sont pas moins maltraittées, si on les donne à des personnes insolentes qui croyent que tous les Sceptres sont deus à leurs merites. Il faut donc choisir pour cela des personnes bien moderées, qui en sachent vser comme il faut. Et c'est ce que i'admire dans le Bien-heureux GABRIEL MARIA qui leur conserve avec beaucoup de soin le respect qui leur appartient, de sorte que leur autorité n'a point esté plus puissante que dans ses mains, & les soûmissions qu'on luy deferoit ne luy ont jamais donné vne atteinte d'orgueil. Il sçavoit ce que dit saint Bernard au Pape Eugene qui avoit autresfois esté son Disciple. Croyez vous que l'abbaissement ne s'accorde pas avec vostre Thiarre apres que Dieu a pris plaisir de joindre deux extremitez ensemble dans les deux ordres de la Nature & de la Grace. Dans le premier il a mis le feu avec

la

la terre, l'ame immortelle avec vn corps periſſable, & dans le ſecond il a vny le Verbe Divin avec la Nature humaine. Ne vous perſuadez donc pas que le commandement ou la ſuperiorité ſoient incompatibles avec les humiliations qui ont eſté les inſtrumens de noſtre rachapt dans vn Homme Dieu. Le Bien-heureux Pere GABRIEL MARIA a ſi bien vny les plus remarquables Offices de l'Ordre de S. François qu'il a eu avec l'Humilité qu'on pouvoit dire de luy que s'il en eſtoit le premier par ſa Charge, il en eſtoit le dernier par ſa modeſtie, & en quelque maniere que vous le conſideriez, il ne s'eſt jamais éloigné des ſentimens que doit avoir vn veritable Frere Mineur.

CHAPITRE IX.

De ſes Auſteritez.

NOus n'avons rien de plus commun dans nos Evangiles que les avis que le Fils de Dieu nous donne de mortifier noſtre corps, & ſi on conſidere noſtre Egliſe ſelon les apparences exterieures, on jugera qu'elle n'eſt qu'vne troupe compoſée de perſonnes affligées, puis qu'on ne nous y propoſe que des adverſitez & des choſes qui choquent les ſens & qui les privent de tous leurs delices. Le Fils de Dieu qui en eſt l'Auteur a fortifié par ſon exemple ce qu'il nous avoit enſeigné de vive voix. C'est pourquoy l'Apostre dit que nous avons en luy vn Pontife qui a passé par les mesmes épreuves que nous, & qui a esté tenté, c'est à dire, souffert les insultes des Demons, & qui a fait vn rigoureux ieûne de quarante iours & de quarante nuits, sans se soulager par le boire ou le manger. Et vn ancien Docteur de l'Eglise a dit qu'on ne pouvoit mieux le definir qu'en l'appellant la mortification du corps & de l'esprit. I'avoüe qu'il n'estoit point necessaire qu'il se sacrifiât à tant de travaux, & qu'il fist tant d'abstinences, parce que les deux parties qui nous composent, & qui se font chez nous vne guerre sans tréve, estoient dans vne parfaite intelligence chez luy, dautant que son humanité sainte estoit sous la direction du Verbe divin, qui entretenoit vne Paix si ferme & si forte, que l'vne ne s'est jamais élevée contre l'autre. S'il a pleuré, s'il a enduré les fatigues du chemin, les ardeurs de l'Esté & les rigueurs de l'Hyver, ce n'a esté que pour rendre l'ouvrage de nostre Redemption plus accomply, & pour nous exciter à la mortification du corps, afin de le soûmettre à l'Empire de la raison & à l'obeissance qu'il doit aux loix de de Dieu. En effet si cette partie ne se revoltoit point contre l'esprit, il ne seroit point necessaire que nous nous fissions à nous mesmes vne si cruelle guerre, & parce que ces rebelions ne cessent point ; C'est pourquoy il faut que nous l'affoiblissions sans cesse par les austeritez, & si l'Apostre qui au dire de saint Ambroise, estoit vn Cherubin consommé d'ardeurs Celestes, qui avoit esté ravy jufques au troifiéme Ciel, fe plaint des perfecutions de la concupifcence, & s'il fe vange de fes infolences fur fa chair qu'il tenoit en fubjection comme vn efclave, & s'il la chaftioit comme vne criminelle. Peut-on tout accorder à la fienne & vivre dans l'innocence, negliger les pratiques de la penitence & eftre homme de bien; ie le croyray moins que le feu puiffe brûler dans l'eau. Et le mefme Apoftre ne dit-il pas aux Corinthiens, nous portons toûjours fur nous la mortification de Iefus, afin que nos corps foient le pourtrait de fa vie, & tant que nous vivrons nous ferons toûjours des victimes pour Iefus, afin que fa vie foit connue dans noftre chair mortelle, & en cela nous fommes faits vn fpectacle à Dieu, aux Anges & aux hommes.

Ie croy que c'eft pour ces raifons que les Anciens, dont la Sainteté fut fi admirable, firent de l'aufterité vn de leurs principaux exercices, & à prefent chacun des Ordres Religieux en a des pratiques particulieres en jeûnes, en veilles, en folitude & autres rigueurs; car la vie Religieufe eft vn état de Penitence qui fatisfait à la Iuftice de Dieu pour les pechez qu'on a commis, qui retient fon bras, qui l'empéche d'écrafer les teftes coupables avec fes foudres; & fans ces mortifications elle ne feroit pas vne imitation de la vie de Iefus-Chrift.

De toutes les Congregations Religieufes qui font dans l'Eglife de Dieu, il n'y en a point qui foient fi aufteres comme celle de faint François; car fi on la confidere dans les Articles de fa

Regle, il faut confeſſer qu'elle eſt vne mort de toutes les voluptez des ſens, vne renonciation à tous les plaiſirs & le preſſis de toutes les croix; De ſorte qu'vn Frere Mineur qui garde exactement ſa Regle eſt vn Saint, & ſi on le veut canoniſer, il ne faut point chercher d'autre Miracle pour cela que celuy de ſa vie.

Or parmy tous les Religieux de cét Ordre le Bienheureux Pere GABRIEL MARIA me ſemble vn des plus auſteres, & quoy qu'il fût d'vne complexion extremement delicate, toutesfois ſa vie fut vne abſtinence continuelle. L'abſtinence eſt vn ſacrifice, où l'eſprit eſt le Preſtre & la chair eſt la victime qui à bien du rapport avec le Martyre, car elle nous expoſe à des peines qui égalent celles par leſquelles on éprouvoit autresfois la conſtance des Fideles, & nous pouvons dire qu'elle à cét avantage au deſſus de luy que ſes rigueurs ſont plus longues. De ſorte que le Bien-heureux P. GABRIEL MARIA eſtoit vn Martyr perpetuel, parce que le jeûne luy eſtoit auſſi ordinaire que l'Oraiſon, & il nourriſſoit ſon ame de ce qu'il oſtoit à ſon corps; Mais où ſon jeûne eſtoit dans la derniere rigueur, c'eſtoit dans tous les Vendredys & tous les Samedys de l'année, dans les Vigiles des dix Feſtes de noſtre Seigneur; dans celles de la Vierge avec celles des Apôtres & des autres Sts qui nous ſont ordonnées par l'Egliſe; A quoy il faut encore adjoûter trois grands Careſmes, dont l'vn commençoit à la Touſſaints, & duroit juſques à Noël; l'autre depuis le jour des Roys juſques à quarante jours conſecutifs; & le troiſiéme celuy des Chrestiens depuis le Mercredy des Cendres jusques à Pasques.

Il prenoit tous les jours deux sanglantes disciplines. La premiere estoit pour les Pécheurs, afin que nostre Seigneur leur touchât le cœur, & pour les Amys & les Bien-facteurs de l'Ordre. La seconde pour les Ames du Purgatoire.

Il ne portoit jamais de linge, & avoit presque toûjours sur le corps vn tres rude Cilice, & comme si cela n'eût pas encore esté assez, il estoit lié par vne ceinture de fer qui entroit fort avant dans sa chair. Dites ce que vous en pensez, mon cher Lecteur, n'y at-il pas de l'excez en tout cela? Et ne le prendrez vous pas pour vn homicide de luy mesme? Le feu sacré de la Charité qui brûle son cœur, luy dit que ce n'est rien à l'égal de ce qu'il voudroit faire; C'est pour cela qu'il avoit toûjours 5. clous pointus fichez dans son estomach qui le penetroient & qui y avoient fait de grandes ouvertures. De sorte qu'il pouvoit dire avec saint Paul qu'il portoit en son corps les marques de la Passion de son Sauveur. Il marchoit toûjours nuds pieds qui est vne des plus rudes mortifications qu'on se puisse imaginer, parce qu'elle est ruineuse à la santé, & quoy que le cerveau en soit le plus éloigné, il en est neantmoins le plus incommodé; Et c'est de là que naissent les rhumatismes, les paralisies & mille autres sortes de maladies. Or ie prie celuy qui lit cecy de reflechir sur cette épouventable austerité; Vn homme delicat, abbatu par les jeûnes, couvert d'vne rude haire qui à vne chaîne de fer autour du corps & des clous

F 3

pointus enfoncez dans sa chair, nuds pieds, qui fait des courses de 700. lieuës sans provision & sans argent ; qui ne dira que c'est vn prodige qui n'a point d'exemples? Vn homme dis-je encore vne fois dans cét état, qui fait sept voyages à Rome parmy les montagnes & les précipices les plus affreux, ne confond-il pas nostre mollesse, & nous reproche-il pas nostre lâcheté. Enfin cét Hercule Chrestien ayant autant souffert par les travaux ausquels il s'est sacrifié & par ses propres mains, comme nos Saints ont fait par celle des Bourreaux, qui ne dira qu'il a merité la couronne du Martyre ; car saint Bernard asseure que celuy-là est Martyr qui mortifie son corps pour Iesus-Christ, & qui par les souffrances & par la mort des sens, rend témoignage au monde de la verité de nostre Foy. Son bras n'est armé d'vne discipline que parce que la persecution des Tyrans manque à son zele, & s'il chastie son corps, c'est parce que l'occasion ne se presente pas d'immoler sa vie pour le soûtien de l'Evangile, & il ne faut pas se persuader que celuy-là puisse estre vaincu par les tourmens, qui ne le peut estre par les plaisirs ; puis que mesme par le triomphe qu'il emporte dessus ses sens, il gaigne deux remarquables victoires sur les deux ennemys qui abbatent les plus grands courages ; car il surmonte les charmes de la volupté, en renonçant volontairement aux delices du corps, & se rend maître de la douleur en s'imposant à luy mesme des austeritez. Or quoy que le Bien-heureux Pere GABRIEL MARIA en aye chargé son corps, il ne s'en est pourtant pas saoulé pour le dire dans les termes d'vn Prophete, car il entrenoit dans son cœur vn continuel desir d'endurer quelque chose ou dans la chair, ou dans l'ame; Il eût crû que le iour luy auroit esté inutile, s'il n'avoit esté exposé à quelques souffrances; & il se fût couché avec regret, si dans le mesme jour il n'eût passé par quelque épreuve de mortification, pour participer aux épines & aux opprobres de la Croix de son Sauveur, sçachant bien ce qu'autresfois dit vn grand Cardinal, que toute nostre vie doit estre vn Vendredy continuel, en ce qu'il n'y a pas vn moment où nous soyons dispensez de porter la Croix. Il remerçioit ceux qui luy fournissoient quelque matiere de patience, de sorte qu'il y avoit autant d'avantage à estre son ennemy comme son amy.

Chapitre X.

De la mortification interieure du Bien-heureux Pere Gabriel Maria.

LA Nature n'assemble jamais deux parties de differentes condition, qu'avec cét ordre exprés que la moins excellente sera sujette de la plus noble, & que dans le composé elle tiendra le mesrang que dans l'vnivers; Et neantmoins nous remarquons le contraire dans l'homme, car la chair oubliant la bassesse de son extraction, veut estre la maîtresse de l'esprit qui est immortel; Elle affecte la domination, quoy qu'elle soit née pour la servitude, & par le plus insolent de tous les attentats elle contraint sa Souveraine à devenir son esclave; Mais pour punir son orgueil, les Saints l'ont condamnée aux jeûnes & aux veilles, & la traitans comme vn cheval fougueux, luy ont retranché la nourriture dans la pensée qu'ils avoient qu'ils n'y avoit point de moyen plus propre pour humiler sa fierté que les austeritez.

Ie sçay qu'il y a des Devots qui pretendent que toutes les mortifications exterieures sont fort peu vtiles, pour rétablir l'homme dans l'état d'où il est décheu, c'est à dire dans vn parfait empire sur ses sens & sur ses passions. Ils disent qu'vne étroite vnion de l'ame avec Dieu nous met dans vn si éminent degré de Perfection, que la chair est comme morte; Il faudroit pour cela que la Charité fût dans vn degré heroique, & nous avons tres peu d'exemples de ce prodige: Et pour moy ie croy que quand elle est delicatement nourrie, elle devient orgueilleuse ou insolente. Qui estoit plus étroitement vny avec Dieu que cét Apostre qui protestoit que ny la vie avec ses charmes, ny la mort avec ses terreurs, ny toutes les creatures qui sont dans le Ciel & dans la terre, ne le pouvoient pas separer de son Dieu; Et toutesfois le mesme dit, ie chastie pourtant mon corps pour le reduire dans l'esclavage & dans les termes de son devoir. Quoy que ce grand Homme qui a eu pour école le troisiéme Ciel, & pour Maître le Saint Esprit, qui s'est consommé de travaux pour

pour l'établissement de l'Evangile, qui a couru tant de Provinces & de Regions pour convertir les ames, croit que toutes ses fatigues ne suffisent pas pour assujettir le corps à l'esprit; il y adjoûte encore les abstinences & les disciplines. Peut-on donc se persuader apres cela que la seule Devotion nous suffit pour estre exempts des mouvemens de la concupiscence? Si cela estoit, pourquoy est-ce que les Loüis les Borromées & tant d'autres auroient porté le Cilice sous la Pourpre? Ne vous y trompez pas, dit S. Augustin, tandis que vous serez en ce monde, vous ne sçauriez empécher la chair de se soûlever contre l'esprit: Que si vous ne sentez point de revoltes, prenez bien garde de quel party vos puissances se sont jettées; Peut estre que la chair n'est plus rebelle à l'esprit, parce qu'il ne la traite pas comme sujette. Peut-estre que cét état qui semble vne paix est vne défaite generale de tous les bons desirs, & la convention funeste de la servitude, dans laquelle l'esprit s'engage, & où il se soûmet à faire tout ce que la chair luy commande. Le moyen que ces petites ames puissent vaincre, n'estans pas seulement instruites à combattre: comment se promettent-elles des triomphes sur l'amour propre qui est l'origine des mouvemens sensitifs sans rompre ses forces par les Conseils & par les secours de Iesus Christ nostre Chef. Tous les plus grands Saints du Ciel que l'Eglise nous propose comme des modeles que nous devons imiter, ont porté toute leur vie les mortifications de Iesus-Christ en leur corps; leur innocence se rendit plus nette entre les austeritez

G

qui la protegeoient des moindres imperfections de
de la chair, commes les roses qui exhalent vne odeur
plus douce selon que leur tige est plus herissée d'é-
pines qui sont les superfluitez d'vne humeur terre-
stre. Concluons donc, mon cher Lecteur, qu'apres
la grace de Dieu il n'y a point de moyen plus propre pour soûmettre le corps à l'esprit, les passions
à la Loy de Dieu, les sens à la raison, que par les
austeritez.

Vous avez veu dans le Chapitre precedent celles du Bien-heureux Pere GABRIEL MARIA,
il ne reste plus qu'à y examiner les admirables effets qu'elles y ont produit. Les sens qui sont principaux ministres de la chair, luy estoient si fideles,
qu'ils ne troubloient point son repos : Ces Messa-
gers qui ne nous apprennent que des choses inutiles
ou dangereuses, ne luy faisoient plus que des rap-
ports innocens, & s'ils s'informoient des choses
qui se passoient dans le monde, c'estoit de celles
qui pouvoient contribuer à la gloire de Dieu ou au
salut du Prochain. S'il ouvroit les yeux c'estoit pour
admirer la sagesse & la puissance de Dieu en ses ouvrages : Si sa langue parloit, c'estoit pour établir
l'empire de la Grace ou pour détruire celuy du peché : Si ses oreilles écoutoient ce qu'on luy disoit,
il sembloit qu'elles eussent l'addresse de separer
les bons discours des mauvais & de ne luy rendre
compte que de ceux qui le pouvoient édifier. Sa bouche autant consacrée à l'abstinence qu'à la verité
ne cherchoit dans le boire & dans le manger que la
seule conservation de la vie ; Et il sçavoit si bien

discerner le necessaire du superflu, que ceux qui n'y estoient pas si intelligens que luy, croyoient que sa vie estoit vn jeûne perpetuel.

Enfin sa chair domptée par les macerations & abbatuës par les veilles, ne luy donnoit plus d'exercice, & il sembloit qu'elle fût d'intelligence avec son ame pour le service de Dieu. Ne croyez pas que ie vous parle par exaggeration, ie suis appuyé sur l'autorité d'vn fameux Docteur de l'Eglise qui a remarqué que la revolte de nos sens estoit vne juste punition de nostre desobeïssance, & qu'vne partie de l'homme ne s'est soulevée contre l'autre, que depuis que la Superieure a perdu le respect qu'elle devoit à son Createur.

Mais le mesme adjoûte que nous pouvons recouvrir nostre autorité par nostre soûmission, que la chair ne sera point assujettie à l'esprit, ny la passion à la raison, si la raison & l'esprit ne sont soûmis à Dieu : Ce qui a esté veritable dans la personne du Bien-heureux Pere GABRIEL MARIA qui avoit tellement mortifié son corps par les Cilices, les voyages & les abstinences, qu'il ne sentoit point de revolte chez luy dans la partie inferieure. Mais ses passions comme plus vnies à l'ame luy estoient plus soûmises que les sens ; Il ne desiroit que ce que Dieu vouloit ; il ressembloit à cette plante qui n'a point d'autres mouvemens que ceux que luy donne le Soleil, & qui estant arrestée par ses racines à la terre, laisse conduire sa fleur à la course de ce bel astre. Il ne concevoit d'esperances que pour le Ciel, & s'il a quelques fois accepté des dignitez dans l'Ordre, c'eſtoit pour ſe rendre plus vtile aux autres. Il a toûjours plus fuy les voluptez que la peſte, ſçachant fort bien qu'elles eſtoient de la nature de ſes fruits qui charment la veüe par leur beauté & le goût par leur douceur, mais qui ſont tres-pernicieux à la ſanté. Si ce grand homme eſtoit ſenſible à la douleur, c'eſtoit de voir que Dieu eſtoit offenſé dans le monde ; S'il reçevoit de la joye, c'eſtoit de voir que le Royaume de Dieu s'étendoit ſur la terre, & que les hommes obeïſſans à ſes Loix, devenoient heureuſement ſes Sujets. Si dans la douceur qui paroiſſoit meſme ſur ſon viſage, il eſtoit touché de colere, c'eſtoit lors que les Pecheurs oublioient le reſpect qu'ils doivent à Dieu, & que ſuivant les mouvemens du Demon ou de l'amour propre, ils mépriſoient les ordres de leur Souverain.

L'appetit ſenſitif ne troubloit point la tranquillité de ſon eſprit, & c'eſt en cela qu'il eſtoit plus genereux qu'Alexandre le Grand, qui apres avoir dompté tant de Roys, n'avoit pas encore ſurmonté la concupiſcence, de ſorte que ce Conquerant de l'vnivers qui eſtoit ſi abſolu en ſes Etats, n'eſtoit pas obeï en ſa perſonne. Les eſclaves du Bien-heureux P. GABRIEL MARIA eſtoient les tyrans de cét Empereur, car toutes ſes paſſions eſtoient changées en vertus, & la grace avoit âgy ſi puiſſamment dans ſon ame, que ſa crainte n'eſtoit plus qu'vne prudence éclairée qui prevoyoit les maux pour les éviter ; ſa colere qu'vn zele enflammé qui cherchoit la mort du peché & le ſalut du pecheur ; ſa triſteſſe qu'vne douleur violente des outrages qu'on faiſoit à Ieſus

Christ ; sa joye qu'vn repos tranquille dans la possession du souverain Bien qu'il attendoit comme vne couronne de Iustice. De sorte que les mouvemens de nostre ame qui nous sont souvent criminels, le rendoient agreables à Dieu, & faisoient voir en sa personne vne heureuse image de l'état de l'innocence.

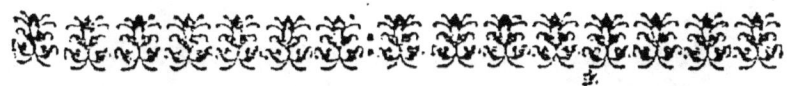

CHAPITRE XI.
De l'Amour qu'il avoit pour Dieu.

JE confesse d'abord que la Charité est vne excellente qualité qui est infuse de Dieu dans nos ames, par laquelle nous l'aymons de toute la force de nostre cœur & sur toutes choses, de sorte qu'estant d'vn Ordre surnaturel nous ne la pouvons acquerir pour nostre travail, & toutes nos œuvres quelque bonté qu'elles ayent, ne la peuvent meriter. On n'oseroit pourtant nier qu'il y a des personnes plus propres que les autres pour reçevoir les impressions de cette divine Vertu, comme les jeûnes gens qui ne sont point encore soüillez de ces crimes, dont il est mal-aisé de se défaire, & qui ont le sang boüillant dans les veines, & parce que la chaleur est amie de l'autre, la charité qui est vn feu Celeste, ayant trouvé chez eux vn fonds qui a du rapport avec elle, elle y fait des prodiges inconçevables.

Ceux qui font fort vieux n'en font pas si susceptibles, parce qu'vne longue habitude de pechez ayant ruiné leurs forces, il ne leur reste en ce malheureux état de caducité que des langueurs & des maladies pour qui ils n'ont jamais assez de plaintes, ny de larmes, tellement que selon vn Docteur de l'Eglise, l'adolescence est mieux disposée à recevoir & à profiter de la Charité que toutes les autres âges.

Ceux qui font d'vn temperamment ardent, sont encore fort propres pour les exercices de cette Vertu, car quand elle rencontre dans vn sujet des qualitez qui sont semblables aux siennes, quoy qu'elles soient d'vn ordre different, elle y fait des merveilles surprenantes, comme on peut remarquer dans la Magdelaine & dans saint Augustin qui estoient d'vne complexion amoureuse, & l'ayant receuë fit mieux ressentir ses effets qu'elle n'avoit fait à d'autres qui auroient esté d'vne froide constitution. L'ame du Bien-heureux Pere GABRIEL MARIA a esté vn des plus riches sujets où la Charité pouvoit s'attacher; Car il estoit d'vn temperamment fort doux, qui luy donnoit de grandes inclinations pour l'amour. De plus il n'avoit jamais contracté de mauvaises coûtumes pour le vice; De sorte que la Charité qui ne trouva point chez luy d'ennemis à combattre, y entra comme vne Princesse, & y fut receuë comme vne Souveraine dans ses Etats, sans y laisser de place vuide pour la concupiscence qui luy est si contraire. Il faudroit faire vn gros volume pour prouver cette verité par les proprietez de l'amour de Dieu, qui paroissent dans toute la conduite de ce saint Religieux. Il aymoit Dieu à cause de ses infinies Perfections, & dans cét état dégagé de toutes sortes de pretentions où il estoit, qui eût pû voir son cœur, on n'y eût remarqué que des loüanges qu'il envoyoit sans cesse à Dieu, pour honorer sa souveraine Bonté, & apres qu'il avoit fait tous ses efforts pour le glorifier, & qu'il voyoit qu'ils n'égaloient point la Majesté de son Createur, il souffroit toutes les peines que ressentent les veritables amys, lors qu'ils ne peuvent témoigner l'excez de leur passion ou rendre du service à l'objet qu'ils cherissent, & apres avoir hautement confessé son impuissance, il se consommoit par les desirs. Il soüaitoit que toutes les Creatures eussent des bouches capables d'exalter son saint Nom, & il estoit ravy de ce que les Anges satisfaisoient mieux que luy à leurs obligations sur ce sujet. Il se disoit à luy mesme; Ie croy bien que ie ne sçaurois rien adjoûter à sa gloire qui est infinie : Il est la source de tous les biens, & ce qu'il y en a dans tous les Estres vient de luy comme de leur principe. Ie ne peux donc le faire plus riche ny par mon travail ny par la force de mes soüaits? Que feray-je dans cette impuissance? Ie ressentiray vne complaisance aussi douce de ce qu'il est & à raison de ses Perfections infinies, que si j'estois en sa place, & recueillant toutes mes puissances, ie les luy sacrifieray dans tous les momens du jour. Et dautant qu'apres s'estre épuisé dans ces actes d'adoration & d'amour, il se retrouvoit toûjours en luy mesme, il avoit vne secrette tristesse de n'estre pas tout à fait changé dans l'objet de ses flammes; Il y avoit neantmoins deux choses qui le consoloient dans la violence de ses langueurs, la conformité aux saintes volontez de nostre Seigneur, & l'avantage qu'il avoit de pouvoir multiplier ses offrandes. Et plus il s'appliquoit à cét exercice, plus il se trouvoit riche de lumieres, de joyes & de forces comme s'il eût entré en communauté des grandeurs de Dieu. Or ne me confesserez-vous pas qu'vn Fidele qui est élevé à vn si éminent degré de perfection, n'à que Dieu en veuë de tout ce qu'il fait. Vn Poëte profane disoit autresfois que tous les mouvemens de son ame & toutes les actions de son corps se referoient à l'amour. Si cette passion agit si puissament sur vne personne, ie n'ay pas de peine à me persuader que la Charité ne produise vn semblable effet dans vn esprit. Ie n'en voudrois point d'autres preuves que celles que nous remarquons en saint Paul qui rapportoit toutes ses pensées, ses pas, ses paroles & tout ce qu'il faisoit à la gloire de Iesus-Christ; il n'y avoit pas mesme vne action indifferente qui n'eût cette fin.

Le Bien-heureux Pere GABRIEL MARIA estoit animé de cet esprit, puis qu'il ne respiroit que l'honneur de Dieu; Il ne defendoit que ses interests; Il ne travailloit que pour étendre son Empire; Il ne préchoit que pour luy acquerir des Sujets; Il n'avoit point d'autre passion que de le faire connoistre, pour le faire aymer. Et comme tout cela ne satisfaisoit point à son zele, il s'avisa d'vn artifice tout à fait

fait admirable, car il érigea deux grands Ordres de Religieuses dans l'Eglise; Il s'associa à ses Stes Viergee pour le loüer par leur bouche, le servir par leurs mains, & l'aymer par leurs cœurs. Confessez avec moy que la Charité ne peut estre élevée à vn plus haut excez que celuy-là; Et lors qu'elle est arrivée à ce terme, & qu'elle est bien établie dans vne ame, elle n'a plus de pechez à déraciner; la Temperance combat contre la concupiscence; la Prudence contre les erreurs; la Force contre les adversitez; & la Iustice contre les inégalitez: Mais dans la Charité parfaite, il y a vne Chasteté qui n'est soüillée d'aucune tâche; Vne Science qui n'est point mêlée d'ignorance; Vne Force qui se rit des malheurs; Et vne paix qui ne peut estre troublée par les persecutions de la fortune ou des Tyrans. Car en vn mot qu'est-ce que la Charité qu'vn amour Temperant sans volupté, vn amour Prudent sans tromperie & sans surprise, vn amour Fort sans impatience, vn amour Iuste sans acception. Et voilà la vraye jdée de la Charité qui estoit dans le cœur du Bien-heureux Pere GABRIEL MARIA; Car cette Vertu qui estoit chez luy comme dans son thrône, en separa ce qui estoit pur d'avec ce qui ne l'estoit pas, & luy ostant toutes les imperfections qu'il avoit, le rendit semblable à cette Dame des Cantiques qui estoit toute belle & sans tâche. Et comme le fer laisse sa crasse & sa noirceur dans le feu, aussi son ame de qui l'amour divin s'estoit emparé comme de son Sanctuaire, perd ses langueurs & ses defauts, & reçoit toutes les belles qualitez qui la mettent dans la ressemblance de

H

Dieu ; & quoy qu'il eût vne Charité si éminente, qu'elle donnoit de l'admiration aux Seraphins, il se persuadoit toutes fois qu'il n'avoit qu'vn cœur de glace, & qu'apres s'estre entierement sacrifié à la gloire de Dieu, il n'avoit rien fait pour l'acquit de son devoir. C'est pourquoy il disoit à l'heure de la mort qu'il ne craignoit rien que le cœur de Iesus qui a esté vne fournaise d'amour pour les hommes ; Ie n'apprehende point mes pechez, car ils periront dans le fonds de la mer rouge de son sang ; ny les Demons, car le nom de Iesus les chassera ; ny le petit nombre de mes bonnes œuvres, parce que tous les merites du Sauveur sont à moy. Ie ne redoute que le cœur de Iesus qui m'a tant aymé, & pour qui i'ay eu si peu de tendresse. Nous avons des Saints dans le Christianisme qui eussent donné cent mille vies pour la gloire de Dieu, s'ils les eussent euës. Le Bien-heureux Pere GABRIEL MARIA ne leur cede en rien pour cela, car il n'y a point de peines ausquelles il ne se soit exposé pour le soûtien de ses interests, Et comme il estoit si sçavant dans l'échole de la Charité que ie peux appeller le troisiéme Ciel où saint Paul fut ravy ; C'est pourquoy il nous a dressé vne échelle par laquelle on peut s'élever jusques au plus haut étage de cette éminente Vertu. Voicy comme il en parle dans vne Letre qu'il a écrit à vne Religieuse appellée Sœur Mathurine de Beaulieu de l'Ordre de l'Annonciade.

S*Achez, Ma Chere Fille, qu'il y à beaucoup de choses à faire pour cela. Il faut premierement mourir à soy* mesme; Cette mort consiste dans vn veritable anneantissement de ses desirs, de ses sentimens & de sa propre volonté; De sorte que la concupiscence qui soüille presque toutes nos œuvres, n'aye point de part à ce que nous faisons. Et c'est ce que l'Apôtre appelle la mort du vieil Adam, & qu'il nous ordonne d'exterminer, afin qu'il soit toûjours dans l'impuissance de nous nuire; & apres que nous aurons surmonté ce monstre, nous devons faire regner Dieu chez nous, & que la place qu'il y avoit si injustement vsurpée, devienne le thrône de la Majesté Divine.

Apres cette mort Mistique suit la vie de l'Amour dans laquelle l'Ame s'occupe si fortement, qu'elle n'est jamais vn moment sans estre avec Dieu soit par ses pensees, soit par ses affections. Si les honneurs, ou les richesses, ou les voluptez des sens se presentent à elles avec tout ce qu'elles ont d'agreable, elles entre en indignation contr'elles, & les renvoye avec mépris, parce qu'elle trouve tout ce qu'on peut s'imaginer de gloire, de delices, & de biens dans l'objet de son amour, qui luy avance en quelque maniere dés cette vie la possession de toutes ces choses dont elle reçoit tant de consolations que son cœur est vn image du Paradis.

Or Ma Chere Fille, adjoûte ce S. homme, comme nous sommes composez de deux parties differentes entre lesquelles il y a vne étroite alliance, il ne suffit pas que l'Ame soit dans le dégagement du monde & dans cette forte vnion avec Dieu, il faut encore que toutes les parties de nostre corps soient bien reglées dans leurs fonctions. Premierement que la langue ne s'emporte jamais à la médisanse, qu'elle évite soigneusement les paroles inutiles, & si on est dans vn employ de Communauté qui oblige au commerce du dehors, il faut promptement expedier les affaires sans s'arrester à des entretiens qui ne laissent que de mauvaises impressions dans l'esprit, dont on a apres beaucoup de peines à s'en défaire; De sorte qu'apres avoir satisfait à l'obligation de son Office il faut retourner à Dieu pour le loüer, car il nous a principalement donné la langue pour cela.

Secondement l'oreille ne doit jamais recevoir de mauvais discours ; Elle n'écoutera que ceux qu'on luy fait des Grandeurs de Dieu & de ses Bontez, ou les instructions qui luy sont necessaires pour la perfection de l'interieur, ou qui l'informeront des volontez de Dieu.

Troisiémement les pieds ne marcheront jamais dans les lieux defendus, ny en ceux qui ne sont permis que dans le temps qui est marqué par les Regles ; Qu'ils soient si justes dans leurs mouvemens, qu'ils ne fassent point de pas qui ne tendent au bien du Prochain ou de la Communauté.

Quatriémement, Il faut que les yeux soient extremement circonspects pour ne voir que des objets qui les peuvent exciter à la Pieté, comme les Crucifix ou les Images des Saints.

Cinquiémement suit la main qui sert à trois choses, à écrire, à donner, à recevoir.

Vne personne chez qui la Charité est bien établie, n'écrit jamais de Letres inutiles, ny de choses prophanes. Son application est de marquer ses bonnes resolutions, ses pratiques de devotion, les promesses qu'elle fait à Dieu, & les imperfections qui luy donnent plus de peine à exterminer. Secondement vne bonne Religieuse ne donne jamais rien parce qu'elle n'à rien qui luy appartienne ; Si elle donne, se sont ses soins & son travail pour le bien du Monastere où elle demeure, & dautant qu'elle est à Dieu par tant de manieres & de titres, qu'elle ne sçauroit s'émanciper de sa domination sans felomie & sans sacrilege ; C'est pourquoy toutes les Creatures ne peuvent rien pretendre en elle, & c'est par cette raison qu'elle ne reçoit rien, parce qu'elle n'à pas la disposition de sa personne, elle en a fait vn transport à Dieu par la solemnité des veux, & luy l'a mise sous la conduite de sa Superieure, à qui elle doit estre sujette dans les choses qui ne blessent point la conscience ; tout ce qu'elle peut recevoir sans son congé sont les faveurs de Dieu ; & lors qu'il luy en fait quelqu'vne, elle l'accepte avec vne profonde humilité, & luy en rend ses actions de grace. Ce n'est pas encore assez que les sens exterieurs soient dans ce bon ordre, il faut encore regler les interieurs.

Toutes les pensées doivent estre pour Dieu: car ne seroit-ce pas luy rendre la derniere de toutes les injustices que de les partager à d'autres objets qui causent plus de déplaisirs qu'ils ne donnent de satisfactions. Lors que vous estes fortement attachée à Dieu de cette maniere, & que le monde n'a plus de part dans vostre souvenir, vous recevez des consolations inexplicables de vous voir si étroitement vnie avec celuy qui fait le bonheur des Saints. Et de cette vnion naît enfin vne heureuse transformation en Dieu, qui fait qu'on vit plûtost en luy qu'en soy mesme. Voilà, Ma Chere Fille, le haut degré de Charité où vostre sainte Fondatrice defunte Madame Ieanne de France estoit arrivée: Car elle estoit morte au Monde, & si vnie à Dieu, que selon son rapport mesme Dieu luy osta son cœur, afin qu'elle ne vescut plus d'vne vie humaine, mais d'vne vie Divine & miraculeuse.

Dites la verité, mon cher Lecteur, n'est-il pas vray qu'vn Saint du Ciel dont la Charité est consommée, ne pourroit pas mieux parler de cette Vertu, que le Bien-heureux Pere GABRIEL MARIA, & à moins que d'y avoir fait de grandes & longues experiences, il ne sçauroit nous en faire vne si nette description.

CHAPITRE XII.

De l'Amour qu'il avoit pour le Prochain.

L'Amour du Prochain est vne greffe entée sur le tronc de la Charité, c'est vn rayon de ce beau Soleil, vn ruisseau qui coule de cette source, vne ligne qui vient de ce centre. De sorte que l'amour que nous avons pour Dieu, seroit imparfait, s'il n'estoit suivy de celuy que nous devons avoir pour nostre Frere qui est comme nous son image, sanctifié des mesmes graces, & appellé à la mesme Beatitude. Vn homme qui l'hayroit, pourroit estre en prieres depuis le matin jusques au soir, verser des torrens de larmes, mettre son corps en pieces par de rudes disciplines, & faire cent mille autres choses de cette nature, qui ne luy profiteroient point pour le Ciel. C'est vne cloche qui tinte & qui fait grand bruit sans effet.

Le Bien-heureux Pere GABRIEL MARIA avoit tant d'amour pour son prochain, qu'il eût donné sa vie pour luy, s'il eût esté necessaire. Il est vray que parce qu'il avoit fait vœu d'vne extreme pauvreté, & qu'il a toûjours très exactement gardée jusques à mort; il ne pouvoit pas faire des aumônes; Mais ses secours estoient spirituels, & regardoient le salut de l'ame. Il s'acquittoit de ses devoirs avec tant de tendresse, que son affection pourroit estre comparée à celle qu'vne Mere à pour ses enfans, & comme saint Paul, il estoit toujours dans les douleurs & dans les tranchées pour enfanter les peuples à Iesus Christ, c'est à dire, pour les faire renaitre à la grace.

Il estoit si desinteressé qu'il ne regardoit dans tous ses épouventables travaux que la gloire de Dieu, à l'imitation de l'Apôtre qui disoit aux Corinthiens Chapitre 9. Ne croyez pas que i'attende aucune recompense de tous les soins que ie prends de vous annoncer l'Evangile. Ie serois vn tres mauvais Dispensateur des Biens de Dieu, si l'interest m'obligeoit à vous départir ses richesses. De sorte que bien loin de faire vn commerce sordide de sa sainte Parole, il n'acceptoit point ce qui luy estoit necessaire pour sa subsistance; Il ne vivoit que du travail de ses mains qui faisoient tant de miracles, & qui écrivoient des leçons à toute l'Eglise. La vraye Charité, dit vn excellent Auteur, est prévoyante aux besoins du public, épanduë hors de soy mesme & toutesfois de telle façon, qu'elle se fait plûtost sentir que voir. C'est elle qui rompt les chaînes des Captifs, qui partage les douleurs avec les malades, qui ne veut pas souffrir vn Pauvre sans le soulager, ny que son corps demeure sans sepulture. C'est elle qui se dépouille pour vestir les nuds, qui s'affame pour nourrir les autres, qui va au devant des affligez pour les consoler, & faisant tout le bien qu'elle peut, elle n'en veut point reçevoir de loüanges. Voilà vne jdee de celle que le Bien-heureux Pere GABRIEL MARIA avoit pour son Prochain ; Il brisoit les fers de ceux qui estoient esclaves du Demon, par le moyen de ses Sermons ou de ses avis ; Il procuroit autant qu'il pouvoit les remedes aux necessitez temporelles à ceux qui avoient recours à luy ; Il empêchoit le desespoir des personnes desolées ; Il les en retiroit si elles s'y estoient abandonnées. Il n'avoit que des rigueurs pour luy & des tendresses pour les autres ; il n'estoit point de ceux-là qui préchent le Calvaire aux autres, & qui prennent le Thabor pour eux, qui donnent des croix de fer à leurs Sujets, & se reservent les Thrônes pour eux. Il logeoit dans son sein toutes les ames des hommes de quelque climat ou condition qu'ils fussent. Aussi les souverains Pontifes qui connoissoient sa Vertu, luy avoient donné de grands pouvoirs pour l'absolution des pechez, & Dieu de grandes lumieres pour le gouvernement des consciences ; C'est pourquoy on s'addressoit à luy de toutes parts tant pour avoir le bien de sa direction que pour reçevoir quelque bon conseil pour son salut. Il estoit d'vn si facile accez, qu'il ne rebutoit jamais personne, & quelque déplaisir qu'on eût, on ne sortoit jamais de son entretien qu'on ne fût étably dans vne profonde tranquillité.

Il demandoit instamment à Dieu & avec vne abondante effusion de larmes, la conversion entiere des Pecheurs qui avoient recours à luy ; Il croyoit que ce n'estoit pas assez de leur faire de fortes remontrances sur la laideur du vice ; il y adjoûtoit encore de rigoureuses mortifications jusques à répandre beaucoup de sang pour les attirer à N. Sei-

Seigneur. Il préchoit tous les jours, s'il avoit des Auditeurs, à moins que les affaires de l'Ordre de saint François, dont il avoit les premieres Charges, ou que quelque autre considerable employ ne l'obligeassent de s'en dispenser. La maladie ne l'exemptoit point d'oüir les Confessions; & celle qui l'emporta, ne vint selon le jugement des Medecins, que de l'excez de son travail? Tellement qu'il a parfaitement accomply la maxime de l'Evangile qui dit qu'on ne sçauroit donner vne plus forte marque de l'amitié qu'on a pour quelqu'vn que d'exposer sa vie pour luy; & il pouvoit dire comme saint Paul à ceux de Philippes ch. 2. Si Dieu veut que ma mort porte le dernier témoignage de son Evangile, ie vous assure que ie ne m'en réjoüis qu'à cause de vous, parce qu'elle fortifiera vostre foy, & mon triomphe ne me sera glorieux que parce que vous estes de la partie; & puis que vostre salut à toûjours fait le principal objet de mes travaux, il est bien juste qu'il fasse à present toute ma gloire.

Mais voicy vne autre circonstance qui me découvre les merveilles de sa Charité pour son Prochain; C'est que s'il eût eu tous les biens qui sont dans les ordres de la Nature & de la Grace, il luy en eût fait part. Les gens du monde qui ont quelque bien, se le reservent tout entier, s'ils sont dans les employs ils ne peuvent souffrir d'égaux, ils croyent qu'on leur fait injustice, quand on estime quelqu'vn avec eux. S'ils sont opulens, ils voudroient que tous les autres fussent pauvres, & que les thresors qui sont cachez dans le sein de la Terre ou de la Mer, fus-

I

sent enfermez dans leurs coffres, afin qu'on ne peût partager avec eux les biens, dont ils sont également jdolatres & jaloux. Il n'en est pas de mesme de ceux qui possedent la Charité; car ils soüaitent que tous leurs biens soient comme les Chrestiens de l'Eglise naissante, desquels l'Ecriture dit qu'ils n'avoient qu'vn cœur & vne ame. Ils apportoient aux pieds des Apôtres le prix ou le revenu de leurs possessions sans s'en rien reserver, & puis ils en faisoient la distribution aux Fideles selon leurs besoins.

Le Bien-heureux P. GABRIEL MARIA avoit tant de tendresse pour son Prochain, qu'il luy eût tres librement fait vne cession generale de sa Science, de son Humilité, de sa Patience & de toutes les autres Vertus qu'il possedoit. Il soüaitoit que cette couronne de Iustice dont Dieu devoit recompenser tous ses travaux, eût couvert sa teste. Non ie n'en dis pas assez, il eût voulu en estre privé, pourveu qu'il en eût eu la joüissance.

Cette seconde merveille me fait souvenir de l'affection que Moyse avoit pour les Israëlites qui craignans que Dieu les chastiât pour avoir adoré des Idoles d'or, s'addressant à luy, il luy dit avec
,, beaucoup de confiance; Seigneur regardez vn peu-
,, ple qui n'est à moy, que parce que vous l'avez fié
,, à ma conduite? C'est vn troupeau que vous nour-
,, rissez dans le desert, dont vous m'avez fait le Pasteur.
,, Il vous a offensé, mais vos misericordes surpassent
,, infiniment sa malice, & toutes les faveurs que vous
,, luy avez fait dans cette effroyable solitude, n'au-
,, roient pas leur dernier accomplissement, si vous ne

leur pardonnez cette faute. On ne doute point de „
l'étenduë de vos pouvoirs, & qu'il vous eſt auſſi ai „
ſé d'anneantir toutes les Creatures, comme de leur „
donner l'eſtre ; Mais ſi vous voulez rendre voſtre „
Bonté fameuſe dans tout l'Vnivers, vous leur remet- „
trez leur crime. Ie vous prie donc de leur pardon- „
ner, ou de m'effacer de voſtre Livre de vie ; Voilà „
Mon Dieu l'abbregé de tous mes vœux ; Ie ne de- „
ſire pas autre choſe : Et ſi vous me jugez indigne „
de ce que ie vous demande, ie vous prie inſtam- „
ment qu'eſtant ſubſtitué en la place de ſes coupa- „
bles, ie ſois l'hoſtie du ſacrifice qui doit eſtre im- „
molée à voſtre juſte courroux. A t'on jamais ouy „
parler d'vne Charité plus genereuſe & d'vn zele
plus ardent ; Celuy du Bien-heureux Pere GA-
BRIEL MARIA ne luy cede en rien, car quand
il s'agit du ſalut du Prochain, ie ne voy dans ce
grand homme que des entrailles de feu, qu'vn cœur
de feu, & que des paroles de feu. Il me ſemble que
ie remarque ces beaux mots gravez dans ſon ame ;
Il ne m'importe pas que ie ſois l'objet de la colere
de Dieu, pourveu que les Chreſtiens deviennent
celuy de ſes recompenſes ; Ie renonce volontiers au
Bonheur qu'il m'a promis, pourveu qu'ils n'en
ſoient privez ; Ie conſens qu'il me ferme les portes
du Paradis, pourveu qu'il leur ouvre celles de ſa
Miſericorde : Ie ſuis content qu'on me charge de
fers, pourveu qu'on les mette en liberté. Enfin que
s'il faut que ie demeure toûjours ſur la terre pour
leur ſervice, ie proteſte que ie n'auray point d'impatience pour la Beatitude. Ce ſaint Religieux ne

veut pas seulement comme Moyse estre le Compagnon du supplice de ses Freres, ny déchoir de la gloire où il est monté; mais il veut de plus qu'ils prennent sa place, & qu'ils s'élevent par sa Charité. Mais la derniere circonstance qui nous fait voir l'excellence de sa Charité, c'est son étenduë: car il ne prêcha pas seulement à vne Province, mais à plus d'vn Royaume, & la meilleure partie de la Chrestienté estoit sa Paroisse & sa Station; Que dis-je elle ne fut pas bornée par les limites de ce grand Vnivers, elle décendit jusques dans le Purgatoire, & si les damnez eussent peu profiter de ses secours, elle fut allée jusques chez eux pour les assister.

Il disoit qu'il y avoit trois sortes de prisons, celles de la Maladie, celles de la Iustice du Monde & puis le Purgatoire.

Il obtint de sa Sainteté mille jours de pardon pour tous ceux qui diroient vn *Ave Maria* pour quelqu'vn de ses trois sortes de prisonniers, & trois mille si on recitoit trois fois cette Priere.

Il adjoûtoit qu'vne personne Religieuse ne doivoit jamais souffrir que le Soleil se couchât, qu'elle n'eût demandé à Dieu trois choses, la conversion d'vn Pecheur à la Penitence, celle d'vn Infidelle à la Foy & la delivrance d'vne ame de Purgatoire, & il confirmoit par pratique ce qu'il disoit de vive voix. Quand il se réveilloit la nuit, il prioit toûjours Dieu pour l'Eglise militante & souffrante, & asseuroit que cette sorte de devotion, ainsi qu'il avoit esté revelé à plusieurs saints Personnages, estoit fort agreable à Dieu & plus vtile aux ames Devotes que de faire de grandes amônes, & que d'affliger son corps par de rudes austeritez.

CHAPITRE XIII.

De sa Predication.

JE remarque que trois choses sont necessaires à vn Predicateur pour annoncer la parole de Dieu avec vtilité. La premiere, c'est la Science : car comment pourroit-on instruire les autres, si on est dans l'ignorance ; ou les éclaircir, si on est dans les tenebres. Quand il faut soûtenir vne verité contestée, combatre les vices dans leur fort à la face des puissances, ou confondre l'heresie, & débroüiller tous les artifices dont elle se sert pour tromper les ames simples ; N'est-il pas vray qu'il est necessaire d'avoir vn grand fonds de Doctrine pour s'acquitter de toutes ces choses avec succez.

La seconde c'est le bon exemple ; Aussi voyons nous que le Fils de Dieu commença à faire, & puis à dire fortifiant l'vn par l'autre ; Et vn sçavant Interprete de l'Ecriture sainte le compare à vn Maître de Mathematique qui apres avoir donné des Leçons dans sa Chaise des principes de cét Art, décend de ce Siege, en trace des figures sur le sable en presence de ses Disciples, & leur conduit la main pour en faire de semblables ; Ainsi le Sauveur du monde sans s'arrester à nous faire d'excellentes descriptions de la Vertu avec les termes les plus choisis de l'eloquence qui ne sont que des fleurs sans fruits nous en fait voir le pourtrait en sa personne, & dans ses actions, & il n'y avoit que ceux qui estoient aveugles ou confirmez dans le vice qui n'estoient pas convaincus & gaignez par de si fortes preuves. S. Gregoire le grand au 25. Livre de ses Morales, dit que les exemples des gens de bien nous animent aux exercices de la Vertu, & la comparaison que nous faisons de leur force avec nostre foiblesse, nous fait esperer de pouvoir executer ce que nous croyons nous estre impossible. Saint Augustin fit l'experience de ce que ie dis. Il desesperoit de pouvoir jamais estre chaste : L'image de la continence se presenta à luy, & luy tendant les mains luy monstra vn nombre presque infiny d'enfans & de filles qui avoient fait vœu de Virginité, & qui l'avoient exactement gardée sans la perdre ; honteux de sa lâcheté, il se resolut de les imiter.

La troisiéme condition c'est le zele, que S. Bernard distingue en deux, ou il est de justice pour exterminer le mal, ou de misericorde pour fléchir les cœurs endurcis, comme on se sert du feu pour redresser les bois tortus.

Le Bien-heureux Pere GABRIEL MARIA possedoit ces trois choses avec des avantages si considerables, qu'ils estoient hors de comparaison ; car vous avez peu remarquer comme sa science estoit admirable ; Et quoy que son ame n'eût pas esté crée comme les Anges, c'est à dire avec les especes qui leur découvrent dans vn instant tout ce qu'ils peuvent comprendre de veritez ; Il a pourtant eu dés sa jeunesse ces principes vniversels qu'il appliquoit aux sujets particuliers avec tant de netteté, qu'il sembloit se ressouvenir de ce qu'il aprenoit, & que les instructions ne fissent rien que de le remettre dans l'exercice des choses qu'il avoit déja possedées. Outre cette grande disposition pour les Lettres, que Dieu luy avoit miraculeusement accordées, il y a vne autre chose qui a contribué pour le rendre si sçavant, qu'il estoit l'admiration de la France ; C'estoit vn parfait dégagement de toutes les choses du monde : Car, comme dit le Prophete Isaye en son 28. Chapitre ; A vostre avis, qui sera celuy à qui Dieu manifestera ses secrets, ce sera celuy qui dés long temps se sera sevré des Creatures, & qui aura quitté la mammelle ; C'est à dire, qui aura détaché son cœur de la terre pour le donner à Dieu.

Or qui a esté moins attaché au monde & plus vny à Dieu que le B. Pere GABRIEL MARIA, ainsi comme nous avons veu dans les precedens Chapitres. Ne faut-il donc pas conclurre que Dieu luy a communiqué des lumieres extraordinaires, par le moyen desquelles il dissipoit toutes les tenebres de l'ignorance & de l'erreur. On a veu les preuves de cette verité dans les fruits qui en on réussi : Et on peut dire que ses Etudes ont esté les armes avec lesquelles il a donné de puissans secours à l'Eglise : Car il a exterminé le vice & le libertinage : Il a imprimé la crainte & l'amour de Dieu dans l'ame des peuples ; Il a remply les cœurs d'vne force invincible pour les plus hautes pratiques de la Pieté, & étendu l'Empire de Iesus-Christ en beaucoup de Provinces.

Il n'estoit pas moins Saint qu'il estoit Sçavant; Et c'est icy que ie soüaiterois d'avoir vn esprit d'Ange & l'eloquence de saint Chrisostome, afin de concevoir & pour vous dire ses heroïques Vertus. Sa jeunesse a esté si reglée, qu'elle pouvoit servir de modele aux vieillards : Sa nature estoit si portée au bien, qu'elle ne sembloit estre blessée par le peché du premier homme. Il faisoit avec delice ces grandes actions qui l'ont fait admirer des peuples, & ses Auditeurs pouvoient apprendre en luy toutes les Vertus, puis qu'il s'en estoit fait vne habitude, & sur tout l'humilité dans les honneurs, la douceur dans la conversation, la diligence dans le travail, la modestie dans tous les sens; & c'eût esté vne honte extreme que de ne le pas imiter.

Vn ancien Auteur parle de la vie de saint Maximin comme d'vne riche succession commune à tout le monde; Vn chacun y peut pretendre vne ample portion; L'vn y prendra la Mortification, l'autre la Charité, & ainsi du reste des autres belles qualitez qui ont parû en luy avec éclat. Le Bien-heureux Pere GABRIEL MARIA se pouvoit proposer à tous ses Auditeurs, afin qu'ils conformassent leur vie à la sienne, qui estant vne expression de toutes les Vertus, ne pouvoit leur laisser de raison pour chercher vn autre modele, ou de lieu pour excuser leur lâcheté. Et qui pouvoit mieux imprimer dans les ames le mépris du monde, que celuy qui avoit
aban-

abandonné tous les biens de la terre pour s'attacher à la Croix ; Leur persuader l'amour pour la Chasteté, que celuy qui avoit vne pureté d'Ange, & les pratiques de la Penitence, puis qu'il estoit toûjours dans la mortification & le refus des honneurs, puis qu'il avoit refusé les Mitres. Enfin sa vie estoit vn puissant exorde à la persuasion qu'il vouloit faire de la Vertu.

Son zele qui estoit vn effet de sa Charité, ne cedoit en rien à sa science, ny à ses bons exemples Il eût voulu comme le Soleil, éclairer tous les peuples, & avoir la voix de tous les tonnerres pour se faire entendre de toutes les Regions de l'Vnivers, afin d'attirer tous les hommes au culte de Dieu ; Il soüaitoit avoir cent corps pour remplir toutes les Chaises, & autant de langues que la Fable en donne à la renommée, pour se rendre intelligible à toutes les Nations, afin de les gagner à Iesus-Christ ; & que son Empire s'étendît sur toute la terre. La Charité des rebelles à la Grace estoit le plus sensible de tous ses déplaisirs ; Il passoit les iours & les nuits à pleurer leur perte, & ses yeux à qui Dieu avoit accordé le don de larmes, estoient des sources également inépuisables, & qui couloient toûjours devant Dieu pour luy demander la conversion des Pecheurs.

Son zele estoit actif, & tout ainsi comme le feu brûle les épines d'vne vaste Campagne qui l'empéchoient d'estre fertile ; Aussi il arrachoit par tout les racines du Peché pour y jetter les racines de la Grace, & par vn pouvoir qui tenoit absolument du

K

Miracle : Il changeoit la plus part des hommes en Anges ; Il a exterminé les crimes, exilé & bany les adulteres & les sacrileges, & du mesme lieu où le vice marchoit en triomphe, il en fait vn thrône glorieux pour la Vertu.

J'estimerois encore que l'Eloquence seroit fort necessaire à vn Predicateur ; car puis qu'il faut que la Verité se produise sur vn illustre Theatre devant vne multitude presque innombrable de peuples pour en gagner les affections ; Elle doit avoir tant de beauté sur le visage, qu'elle engage tout le monde en ses interests. Et c'est vn erreur de croire qu'vn bon Auditoire s'arreste seulement à la substance de la matiere dont on l'entretient, car nous sçavons que les plus delicats esprits desirent avoir vne belle expression : & il n'y a point de doute qu'on donnera plus d'attention & de créance aux veritez Divines, quand elle sont proposées en bons termes. Et saint Augustin confesse qu'il est obligé de sa Conversion à l'Eloquence de saint Ambroise : Car il dit que les Articles de nostre Religion, qu'il regardoit auparavant avec mépris, passoient insensiblement en estime dans son ame avec ses beaux Sermons qui le ravissoient.

Le Bien-heureux Pere GABRIEL MARIA estoit aussi Eloquent que Sçavant, & ceux qui l'entendoient prêcher, ne sçavoient s'ils devoient admirer ou sa doctrine ou les termes excellens avec lesquels il s'enonçoit, de sorte qu'il captivoit ses Auditeurs & par la force de son raisonnement & par la douceur de son style.

CHAPITRE XIV.
De sa Chasteté.

JE ne voy rien de plus admirable parmy les Vertus Chrestiennes que la Chasteté; Car elle tire l'homme des bassesses de sa nature pour l'élever à vn état qui surpasse celuy des Anges. Leur pureté ne me surprend point, parce qu'estans de simples esprits qui n'ont aucun commerce avec la matiere, ils n'en doivent point ressentir les foiblesses; Mais ce qui fait le sujet de mon estonnement, c'est de voir tant de personnes dans les deux sexes qui ont vn corps composé de chair & de sang, & qui neantmoins par les secours de la Grace & par la force de leur travail, s'en rendent les maîtres si absolument, qu'ils les assujettissent aux Loix de l'esprit. Ie croy que c'est pour cette raison que ceux qui se consacrent au service de Dieu par des vœux solemnels, s'obligent à la Chasteté, afin qu'ils soient plus libres pour la contemplation; Et c'est delà que nostre Eglise Militante est vn image de celle qu'on appelle Triomphante, puis qu'elle à comme elle ses Anges.

I'ay dit que la Chasteté nous rendoit plus libres pour la meditation, parce que le Mariage est remply de soins, soit pour se conserver son honneur dans vn sujet qui est extremement fragile, soit pour pourvoir les enfans de biens, afin de se maintenir avec reputation, contre toutes les disgraces, dont cette vie est menacée : Et l'Apôtre a eu beaucoup de raison de dire que la tribulation estoit inseparable de cette condition. Ie sçay que pour addoucir les peines qui s'y rencontrent, on se trompe agreablement soy mesme par le luxe des habits & des festins; Mais le cœur qui volontairement s'est fait esclave, soûpire apres la liberté au milieu des delices, & pressé par les maux qu'il souffre, confesse qu'il y a bien plus de douceur d'estre à soy mesme que d'appartenir à vn autre. La Chasteté nous libere de cette sujetion, & nous laissant à nous mesme nous laisse aussi tout le temps que nous voudrons employer à la priere.

Et quoy cette Vertu soit si admirable, il n'y a pourtant rien de plus difficile à conserver qu'elle, car il faut peu de chose pour l'offenser, comme il ne faut qu'vn petit souffle pour troubler tout l'éclat d'vne belle glace ; & si elle à le prix des diamans, elle en à la fragilité ; Et si estant cassé il ne se soude jamais, aussi la perte de la Virginité est irreparable ; C'est pourquoy quelques vns la representent comme vne Dame Majestueuse qui porte vn grand thresor dans vn vaisseau de cristal, & qui à ces mots pour devise, *Asseurance dans la précaution* ; tellement qu'on ne sçauroit se donner assez de soins pour la garder dans vne parfaite integrité, car il faut que nous combations contre vne partie de nous mesmes ; & de quelques raisons que la Vertu anime nostre courage, l'affection que avons nous pour nous méme nous rend lâches, & nous craignons vne victoire qui nous doit coûter la perte de nos plus cheres delices.

Le Bien-heureux Pere GABRIEL MARIA a eu vne double Chasteté, celle du corps & puis celle de l'esprit d'vne maniere si excellente qu'il avoit plus d'horreur pour les pensées qui n'avoient que l'ombre de l'impureté, que le plus attaché à la vie n'en avoit pour la mort : Et pour se maintenir en cette eminente pureté, il avoit recours à la Mere de Dieu en ces termes ; *Vierge Adorable, Mere des Saints Amours, & illustre Original d'vne parfaite Pureté ! Recevez moy sous vostre protection parmy tant d'écueils : Conservez moy sans brûler parmy tant de flammes ; sans surprise parmy tant de pieges ; sans mal parmy tant de dangers : Prenez mon Ame & mon Corps en dépost, afin qu'ils soient toûjours dans vn état où ils puissent estre le Temple du saint Esprit.* Et parce qu'il avoit remarqué que tres souvent on voit vne étincelle qui prend aux poudres, & qui fait des épouventables ravages de ce que l'on preparoit pour vn feu de Ioye ; Aussi nostre pureté n'est pas à l'épreuve d'vn entretien suspect, quoy qu'on ne s'y engage qu'avec des intentions sinceres & resoluës au mépris. C'est pourquoy il fuyoit la veuë ou la conversation des femmes, & toutes les occasions où il pouvoit s'imprimer de mauvaises idées.

La chair est la plus cruele de toutes les ennemies de la Chasteté. C'est pour cela qu'il n'y a point eu de Sts qui n'ayent inventé des peines contr'elle, qui n'ayent chastié son insolence, & dompté sa fierté ;

Ils ont enchaîné cette furieuse, & l'ont chargéé de tant de fers, que fuccombant fous leur pefanteur, elle foûpiroit apres la mort pour eftre deliurée d'vne vie fi douloureufe.

Enfin ils ont crucifié cette coupable avec toutes fes concupifences, & l'ont fait heureufement mourir, parce qu'ils fçavoient bien que la Chafteté n'eft point la Maiftreffe du corps, fi elle ne le reduit dans vne certaine langeur qui n'eft pas fort éloignée de la mort, fi elle n'eft la mort mefme.

Voyez comme le Bien-heureux Pere GABRIEL MARIA en a vfé : Il a fouftrait la nourriture à fon corps par des abftinences continuelles, & de cette forte il entretenoit plûtoft fes fouffrances que fa vie ; Il le privoit fouvent du repos par de longues & fâcheufes veilles, qui luy oftant peu à peu toutes fes forces, avançoient le iour de fa mort. La Penitence maltraitant fans ceffe vne chair vfée d'aufteritez, achevoit ce facrifice fanglant ; car faifant tous les jours mourir la victime par quelque nouvel artifice, elle trouvoit le fecret d'accorder la mort avec la vie, & d'imiter fur la terre cette effroyable rigueur, dont la Iuftice de Dieu punit les damnez dans les Enfers. Or ie vous demande, Mon Cher Lecteur, fi vn corps comme celuy de ce faint Religieux fatigué par tant de voyages, affoibly par tant de jeûnes, & dompté par tant de haires & de difciplines, peut affecter l'empire fur l'efprit. Mais ne faut-il pas croire qu'il luy eftoit entierement foûmis, & que fes penfées eftoient fi pures qu'il fembloit plûtoft eftre vn Ange de la plus haute Hierarchie du Ciel, qu'vn homme; de sorte qu'il avoit la pureté d'vn Seraphin parmy les corruptions de la chair. Et parce qu'il sçavoit encore que l'amour donne sa premiere attaque par les yeux, fait ses approches par les paroles, tend ses pieges par les presens, & fait mourir la Chasteté par les attouchemens; C'est pourquoy il estoit toûjours dans vne extreme retenuë des sens, fort circonspect en ses discours, desinteressé & détaché dans toutes les choses du monde, & fort reservé avec les femmes.

Il vouloit que dans la Religion on punît tres severement deux sortes de fautes, celles qui offensent la Pureté ou la Charité, dautant, disoit il, que la premiere est la liurée de Marie, & la seconde est celle de Iesus-Christ Prince de la Paix.

Il disoit que les Religieuses devoient exactement pratiquer dix choses pour estre chastes.

La premiere estoit vne extreme retenuë dans les yeux, pour ne pas voir indifferemment toutes sortes d'objets.

La seconde de ne point écouter les paroles qui laissent de mauvaises idées.

La troisiéme n'affecter aucun étude dans son visage.

La quatriéme d'estre fort sobre.

La cinquiéme de n'avoir aucun artifice en son discours, qui flattant l'oreille fait naître l'amour dans le cœur.

La sixiéme en fuyant toutes sortes d'attouchemens & rejettans tous presens.

La septiéme en évitant l'oysiveté & n'allant jamais seule dans vn lieu suspect.

La huitiéme en aymant la Pauvreté sur tout dans ses habits; car leur molesse excite à la volupté qui est ordinairement suivie de l'impureté.

La neufiéme en ne donnant jamais d'entrée aux mauvaises pensées dans l'imagination.

La dixiéme est à n'avoir d'amour que pour Dieu. Voilà les sentimens de ce saint Religieux touchant cette Vertu qu'il a plus amplement expliquez dans la Regle & dans les Statuts qu'il a donné à ses Filles, qui ont esté reçeus au Chapitre general des Freres Mineurs de l'Observance Reguliere, tenu dans la Province de Boulogne au Convent de l'Annonciade de Palme sous le tres Reverend Pere Paul de Palme general de tout l'Ordre de saint François.

Le Bien-heureux Pere GABRIEL MARIA faisoit tant d'estime de la Chasteté, qu'il disoit ordinairement à la Bien-heureuse Ieanne de France, qu'elle estoit la principale Vertu d'vn Ordre Religieux.

CHAPITRE XV.

De son Oraison.

Nous remarquons qu'il y à deux sortes d'Oraison. L'vne est Mentale, & l'autre Vocale. Le Bien-heureux Pere GABRIEL MARIA s'ap-
pli-

pliquoit si fortement à ses deux, qu'elles faisoient presque toute son occupation. Il disoit ordinairement qu'elles estoient les deux plus fermes colomnes qui soûtenoient les Religions, & il recommandoit sur toutes choses qu'on les vnît ensemble, parce que la Vocale sans la Mentale n'est qu'vn mouvement des levres que Dieu ne considere point, & vne perte de temps.

Il desiroit encore que la Priere fût accompagnée de l'intention, de l'attention & de la devotion.

Pour l'intention il n'en vouloit point d'autre que de plaire à Iesus & à Marie.

Pour l'attention il la recommandoit comme vne chose tres necessaire, sans laquelle on ne peut rien esperer de Dieu de ce qu'on luy demande. Toutes „ choses ont leur temps, dit le Sage, vous donnerez „ vos pensées à vos affaires, quand vous serez en état „ de les traiter ; Vous consulterez vos Livres & vos „ papiers dans vostre Etude ; Vous ferez civilité à vos „ amis, quand ils vous visiteront ; Mais lors que vous „ priez Dieu, il est raisonnable qu'il ait toute l'appli- „ cation de vostre ame ; autrement si vous vous en re- „ mettez sur vos Freres, il se pourroit faire que tous „ pourroient manquer dans vne mesme partie de l'Of- „ fice qu'on recite ; De sorte qu'il se feroit vn vuide „ à l'égard de Dieu & vn desordre pareil à celuy que „ la Nature ne souffre pas pour vn moment, à cause qu'elle seroit privée des influences du Ciel. Et pour obtenir cette attention, il la faut demander à Dieu, & estre dans vne extreme retenuë des sens, afin de n'estre point diverty par les objets exterieurs. Il ne pouvoit souffrir qu'vne personne Religieuse leût vn Livre ou des Lettres durant le service Divin ou le Sermon; & si cela arrivoit, il vouloit qu'on brûlât devant la Communauté toutes ces choses, qui avoient esté le sujet de cette distraction.

Pour la devotion il la croyoit si necessaire à la Priere, que sans elle ce grand concours de peuples qui viennent en nos Eglises pour y adorer Dieu, ne luy plairoit pas plus que s'il luy presentoit des victimes mortes & corrompuës. Il adjoûtoit que nous n'avions jamais assez de ferveur dans la Priere au point que nous estions obligez, puis que c'estoit vn Dieu d'amour à qui nous parlions, & afin de ne point attiedir cette sainte ardeur par la longueur des Prieres, il ne vouloit pas que ces Religieuses chantassent plus d'vne grande Messe par iour, quelque rente qu'on donnât à leurs Monasteres.

Il blâmoit fort celles qui n'estoient pas au commencement de l'Office, ou qui en sortoient avant qu'il fût achevé, & disoit qu'il faloit offrir la teste & les pieds, si on vouloit que le sacrifice fût parfait.

Il adjoûtoit encore que pour acquerir le don d'Oraison, il faloit aymer l'Eglise & le saint Sacrement de l'Autel. La premiere estoit l'Ecole de la Priere, & le second estoit vn Dieu caché sous les especes du pain & du vin, qui estoit le Maître qui nous instruisoit à la faire. Et ce saint Religieux a confirmé par ses pratiques ce qu'il disoit de vive voix. Et voicy son Exercice journalier.

Aussi tost qu'il estoit éveillé le matin, il recitoit

les sept paroles que nostre Seigneur a prononcées dans la Croix.

Pater ignosce illis, quia nesciunt quid faciunt.
Hodie mecum eris in Paradiso.
Mulier, ecce Filius tuus. Ecce Mater tua.
Deus meus vt quid me dereliquisti.
Sitio.
Consummatum est.
Pater, in manus tuas commendo spiritum meum.

Et puis il adjoûtoit avec les sentimens d'vne extraordinaire Pieté, les sept paroles qu'a autresfois prononcées la sainte Vierge, & qui sont rapportées par les Evangelistes.

Quomodo fiet istud, quoniam virum non cognosco.
Ecce Ancilla Domini fiat mihi secundum verbum tuum.

Pax tibi, & autre semblable, quand elle salua Ste Elisabeth : Car quoy que saint Luc ne rapporte point expressément ces derniers mots, neantmoins il témoigne qu'elle salua sa Cousine. On peut raisonnablement conjecturer qu'elle vsa de la civilité ordinaire, dont les Iuifs se servoient, lors qu'ils se rendoient visite, qui est celle là ou quelqu'autre pareille.

La quatriéme c'est le Cantique de *Magnificat*.

La cinquiéme, *Fili quid fecisti nobis; sic ego & Pater tuus dolentes quærebamus te.*

La sixiéme, *Vinum non habent.*

La septiéme, *Quodcunque dixerint vobis, facite.*

Et lors qu'il récitoit ces paroles de N. Seigneur ou de sa sainte Mere, c'est avec vne parfaite attention à ce qu'elles signifioient. Aussi tost qu'il estoit levé, il adoroit Dieu en trois postures differentes, debout, à genoux & la face contre terre, pour se conformer à son Sauveur, commençant dans le Iardn des olives les agonies de sa Passion, sur laquelle il faisoit tous les iours de ferventes reflexions; & puis il recitoit trois fois l'Oraison Dominicale, la premiere estoit pour la Paix de l'Eglise, la seconde pour l'heureux succez de la Religion de ses Filles, & la troisiéme pour les Ames du Purgatoire: & puis il la reïteroit jusques à cinq fois pour honorer les cinq playes mortelles du Fils de Dieu.

Apres cela il faisoit trois oblations au Pere Eternel. La premiere estoit des playes de son Fils.

La seconde estoit des douleurs de la Vierge.

La troisiéme estoit de luy mesme, en luy demandant la grace de ne le point offenser par le peché.

De plus il prioit instamment N. Seigneur qu'il luy fist naître quelque sujet d'affliction : car il estimoit vne personne malheureuse qui estoit sans croix & sans souffrances. Tout cela n'estoit que le prelude d'vne longue Oraison Mentale, à la fin de laquelle il demandoit à Dieu que saint Gabriel fût le Guide de toutes ses actions, parce qu'il avoit assisté à tous les Mysteres de la vie de Iesus & de Marie.

Il faisoit souvent des Meditations sur la vie de N. Dame, qu'il avoit divisées en cinquante Mysteres depuis son immaculée Conception jusques à son glorieux Couronnement dans le Ciel.

Il en faisoit autant sur la vie de N. Seigneur : & de ses Meditations il en recueilloit trois admirables vtilitez. La premiere est qu'il formoit vne vive image qui luy demeuroit emprainte dans l'ame qui réveilloit sans cesse les mouvemens de sa Pieté.

La seconde c'est qu'elle l'excitoit à la reconnoissance des bontez & des misericordes infinies du Sauveur.

La troisiéme c'est qu'elle faisoit naître en luy vn puissant desir de l'imiter dans toutes les Vertus qu'il y avoit remarquées. Cét employ où il estoit si assidu, ne luy estoit point importun, parce qu'il disoit que nostre Seigneur luy donnoit tous les jours de nouvelles lumieres. Et pour fermer cét exercice de sa matinée, il avoit recours à la sainte Vierge, & la supplioit tres humblement par ce cruel & long Martyre, qu'elle souffrit à la Passion de son Fils, de luy obtenir la grace de mourir en Croix entre les bras de Iesus Crucifié. Il ne se dispensoit jamais des Heures de l'Office, parce que les mouvemens de sa Pieté s'augmentoient dans la compagnie de ses Freres, soit parce que les esprits sortans des cœurs embrasez de l'amour Divin, se communiquent par vne secrete transpiration semblable à celle qui cause les charmes & les simpathies, soit, comme il est plus veritable, que ces saintes émotions procedent des graces que Dieu verse sur les Assemblées avec plus d'abondance, comme le Soleil se represente bien mieux sur vn grand Miroir que sur de petites pieces qui en sont détachées. Quoy que dans le peu de temps qui luy restoit du jour, il fût occupé en beaucoup d'affaires importantes; il faisoit neantmoins mille elevations d'esprit au Ciel aussi promptes & aussi frequentes que les saillies d'vne flamme qui pointe en haut. Son interieur pouſſoit des Cantiques de loüange en ſon honneur : Il reſſentoit des joyes inexplicables par les complaiſances qu'il tiroit de toutes les Oeuvres de Dieu, où il voyoit les effets de ſa ſouveraine Sageſſe. Il ne ſe preſentoit rien à ſes ſens qui ne luy fût vne échelle pour monter à ſon Createur; les aſtres & les fleurs luy repreſentoient ſa beauté; Les montagnes & les vallées luy découvroient la hauteur de ſes deſſeins & la profondeur de ſes Myſteres; La réſolution des jours & des nuits qui ſe ſuccedent ſi reglement, luy faiſoient voir l'ordre merveilleux qu'il a mis dans les avantures de noſtre vie; La lumiere qui éclaire auſſi purement ſur vn bourbier que ſur vn ruiſſeau, luy faiſoit admirer la Sainteté de Dieu qui eſt incorruptible; Ainſi quelque choſe qu'il fiſt, il n'interrompoit jamais ſa priere, & eſtoit toûjours attentif à conſiderer les Perfections infinies de Dieu. Il meditoit en agiſſant, & agiſſoit en meditant : Son Oraiſon attiroit la Benediction de Dieu ſur ſon travail; Et parce qu'il referoit toutes ſes actions à la gloire de Dieu par la pureté de ſon attention, c'eſt pourquoy elles luy avoient merité le don d'Oraiſon qui eſtoit ſi grand, que meſme durant ſon ſommeil il s'entretenoit avec Dieu; de ſorte que ſelon ſon raport meſme écrivant à ſa Niéce Sœur Françoiſe de Guyard Religieuſe de l'Annonciade, il reçevoit quelquesfois du Ciel plus de lumieres en dormant, qu'en veillant, & par ce moyen il joüiſſoit d'vn double repos de celuy du corps dans ſa couche, & de celuy de l'ame en Dieu.

Vn peu avant que de se coucher il disoit cent *Ave Maria* & dix fois le *Pater* en l'honneur des dix douleurs que la sainte Vierge ressentit à la Passion de son Fils, & puis vingt *Ave Maria* en memoire des vingt joyes de la mesme Vierge qui sont Temporelles & Eternelles.

Pour les Temporelles.

La premiere fut quand elle conçeut le Fils de Dieu.

La seconde quand elle visita sainte Elisabeth.

La troisiéme lors qu'elle enfanta son Sauveur.

La quatriéme lors que les Roys l'adorerent.

La cinquiéme quand elle le presenta au Temple, où le saint Vieillard Simeon luy fit vne si solemnelle reception, & donna tant de témoignage qu'il estoit le Redempteur du monde.

La sixiéme lors qu'elle rencontra son Fils au Temple disputant avec les Docteurs qui admiroient ses Oracles.

La septiéme lors qu'elle le vit résuscité.

La huitiéme lors qu'elle le vit monter aux Cieux.

La neufiéme quand elle receut le saint Esprit.

La dixiéme lors que Iesus-Christ la vint consoler.

Quand aux Eternelles.

La premiere est lors qu'apres sa mort, elle visita les ames du Purgatoire, & les tira de ce lieu de de peines.

La seconde lors qu'elle ressucita en corps & en ame.

La troisiéme quand elle monta dans les Cieux accompagnée de son Fils, des Anges, du Paradis & des autres Saints.

La quatriéme lors qu'elle prit possession du Paradis.

La cinquiéme lors qu'elle y adjoûta par sa presence vne clarté extraordinaire.

La sixiéme quand la tres sainte Trinité la couronna Reyne du Ciel & de la Terre.

La septiéme lors que le jugement de ses devots Serviteurs luy fut reservé.

La huitiéme lors que Dieu consentit de l'exaucer en toutes ses requestes.

La neufiéme quand on luy donna vne place au dessous de Dieu, & beaucoup au dessus des Anges, de sorte qu'elle fait toute seule vn Ordre à part dans le Ciel.

La dixiéme c'est l'asseurance qu'elle reçeut que son Bonheur seroit eternel, & que ces joyes ne cesseroient jamais. Ce S. Religieux ayant satisfait à tous ses exercices de Pieté, il faisoit exactement l'examen de sa conscience, & apres qu'il avoit remarqué toutes les fautes qu'il avoit commises en sa conduite, il en dmandoit pardon à Dieu, & luy promettoit de n'y plus retomber avec les secours de sa Grace.

Peut-on, Mon Cher Lecteur, s'imaginer vne Oraison plus continuë que celle-là, où ie m'asseure qu'il y passoit les meilleures heures de la nuit, parce qu'il dormoit peu. Ne confesserez-vous pas avec moy qu'on ne sçauroit se proposer vn plus devot exercice de Pieté que celuy de ce grand homme qui n'a jamais perdu vn moment de sa Priere, quoy qu'il fût chargé des affaires d'vn Ordre si vaste & étendu, qu'il s'interessât dans toutes les necessitez pu-
bli-

bliques. Ne vous prend-il point envie de l'imiter en toutes ses excellentes pratiques.

Chapitre XVI.
De sa Devotion à la Passion de Nostre Seigneur.

DE tous les exercices de Pieté qui sont en vsage parmy les Chrestiens, ie n'entrouve point vn plus raisonnable que la Devotion à la sainte Passion de N. Seigneur : Et ce pour deux raisons.

La premiere est à cause de la grandeur du Mystere qui nous y represente vn Dieu souffrant plus de playes qu'il n'avoit de parties en son corps, si on ne veut dire qu'il n'en avoit qu'vne continuée depuis la plante des pieds percez de cloux jusques au sommet de la teste couronnée d'épines : Vn Dieu plongé dans vn abisme d'opprobres, & puis mourant dans vne Croix au milieu de deux infames Voleurs. Ie croy qu'il n'y point d'ame si dure qui ne se rende à ce spectacle de bonté, & si nous y faisions souvent de serieuses reflexions nos yeux deviendroient deux sources de larmes qui ne se tariroient jamais à l'imitation de saint François qui apres s'estre fortement imprimé de ces Veritez, se sacrifia à la douleur & à des pleurs qu'on ne pouvoit épuiser.

La seconde est à cause des grands biens qu'elle

nous a procurez ; car c'est par elle qu'il a accomply l'ouvrage de nostre Redemption, en satisfaisant à la justice de son Pere Eternel, de sorte qu'il nous a retirez de la servitude de Sathan, & nous a acquis la qualité glorieuse des enfans de Dieu par la sacrée effusion de son sang. Où est maintenant le cœur qui ne sera pas l'esclave de cette Charité infinie, & qui ne die au Fils de Dieu avec saint Bernard ; Seigneur ie suis doublement à vous, premierement par le titre de la creation, où vous m'avez donné l'estre à l'exclusion de tant de choses, à qui vous ne ferez jamais cette faveur. Secondement par celuy de la Redemption, puis que vous avez vous mesme esté le prix de mon rachapt. Si vous aviez employé pour cela de l'or, de l'argent ou ces precieux diamans qui font l'ornement des testes couronnées, ie vous aurois vne obligation commune ; Mais apres avoir veu que vous m'avez rendu la vie par la perte de la vostre, il faut que ie sois à vous de la plus intime maniere qu'il m'est possible.

On ne sçauroit dire la Devotion que le Bien-heureux Pere GABRIEL MARIA avoit pour la Passion de nostre Seigneur, il en faisoit presque le sujet de toutes ses Meditations.

Il recitoit souvent les sept paroles que Nostre Seigneur avoit prononcées dans la Croix. Il avoit remarqué toutes les circonstances qui y estoient attachées, & il rendoit à chacune vne profonde veneration & vn culte particulier.

Il y avoit observé dix postures de N. Seigneur. La premiere est lors qu'il fit son Oraison dans le jardin des olives, il estoit droit & les mains élevées.

Dans sa seconde Oraison il avoit les mains jointes & estoit de genoux.

Dans la troisiéme il estoit prosterné le visage contre terre.

Quatriémement il fut lié de cordes estant devant ses Iuges.

Cinquiémement il eut les mains derriere, lors qu'il fut fouaité.

Sixiémement il fut assis lors qu'on l'interrogea.

Septiémement il fut courbé en portant sa Croix au Calvaire.

En huitiéme lieu il fut étendu entre ses bras, lors qu'il fut crucifié.

Neufiémement il inclina son chef quand il mourut.

La derniere quand il fut ensevely dans vn linçeul & étendu en son sepulchre. Il faisoit tous les jours des Prieres en toutes ces postures pour honorer celles de son Sauveur, & luy demandoit dix choses.

La premiere estoit la Vertu de l'humilité.

La seconde estoit celle de la Penitence.

La troisiéme qu'il pleût à ce bon Sauveur de l'associer au premier sang qu'il avoit répandu dans ce Iardin.

La quatriéme estoit que comme cette vie estoit vn voyage qui nous conduit au Ciel, il le prioit aussi de n'y rien faire qui luy déplût.

La cinquiéme estoit qu'il vnît toutes ses disciplines & toutes les mortifications qu'il faisoit, aux coups de foüets que son Sauveur avoit receus des Bourreaux, afin qu'elles luy fussent plus agreables.

La sixiéme qu'il luy accordât la couronne de la gloire apres l'avoir imité en ses souffrances.

La septiéme qu'il luy donnât la constance pour supporter toutes sortes d'afflictions.

La huitiéme qu'il peût employer vtilement & à son honneur tous ses sens interieurs & exterieurs.

La neufiéme il le prioit de le recevoir entre ses bras à l'heure de la mort, & puis de luy donner la joüissance du Souverain.

Voilà sa pratique de tous les jours, & qu'il conseilloit aux Religieux qui estoient sous sa conduite: Voicy ce qu'il écrit à vne autre; *Ie vous prie que vous n'ayez point de plus haute ambition ny de plus douce satisfaction en ce monde que de porter la croix de Iesus-Christ: Et ie diray que vous participerez à ses douleurs, si vous vous occupez en des exercices penibles & humbles, si vous ne prenez que le necessaire des choses qui sont en vostre disposition, & que vous retrancherez le superflu du boire & du manger, du sommeil & de toutes vos recreations, de vos livres, de vos habits, de vos voiles & de toutes les autres choses destinées à vos vsages pour vous conformer à Iesus-Christ vostre Epoux qui pouvant vivre dans les delices & nous sauver par la voye des plaisirs, à choisi celle des souffrances.*

Ie ne réitere point icy ce que i'ay dit ailleurs de sa Devotion à la sainte Passion de Nostre Seigneur, ny les penitences & les mortifications qu'il s'imposoit, afin que sa vie fût vne image vivante de Iesus crucifié. Cela se peut remarquer dans le Chapitre de ses austeritez.

CHAPITRE XVII.
De sa Devotion au Tressaint Sacrement de l'Autel.

NOus avons ordinairement de l'amitié pour deux sortes de personnes. Les premieres sont celles qui nous témoignent de la bien-veillance dans toutes les rencontres; c'est ce qui a fait dire aux Anciens que sans avoir recours aux Philtres que la Magie employe pour attirer l'affection de quelqu'vn, il suffit de l'aymer pour en estre aymé. Les Brutes qui ne vivent que de carnage & que tous les artifices ne peuvent dompter, n'ont pas assez de force pour se defendre de celuy-cy qui est innocent.

Secondement nous avons de l'inclination pour ceux qui nous sont vtiles, car les bienfaits agissent si puissamment sur nous qu'ils nous dérobent insensiblement nostre liberté, & il n'y a pas jusques aux Lyons les plus farouches qui ne s'y rendent.

Ces deux raisons nous obligent d'avoir de la devotion au saint Sacrement de l'Autel, car Dieu nous y fait paroître son amour jusques dans le dernier de tous les excez.

L'amour fait tous ses efforts pour vnir ensemble ceux qu'il a fait ses esclaves, & quoy que nous ne cherissions rien tant que la vie, nous consentons pourtant de la perdre, pourveu que nous passions dans la personne pour qui nous avons vne forte amitié. Ie sçay que nous ne pouvons arriver à cette vnion; & ce fut en vain que les amys de Iob soüaiterent de se nourrir de sa chair pour luy prouver par là la violence de leur passion, Mais ce qui est impossible aux hommes, Iesus-Christ l'a fait dans la sacrée Eucharistie, puis qu'il nous y donne son corps animé de son ame, suivy de sa Divinité par vne necessité de concomitance, parce qu'il n'a jamais abandonné l'Humanité qu'il avoit prise dans l'Incarnation: Et comme la Nature déguise le sang de la Mere en vne douce & blanche liqueur de lait, afin de ne pas rebuter le goust des enfans qui en tirent toute leur nourriture; Aussi cét adorable Sauveur nous donne sa chair & son sang sous les especes du pain & du vin, afin de nous épargner cét horreur que les hommes ressentent, quand il faut qu'ils mangent leurs semblables tous cruds. Cét aymable Sauveur ne l'avoit pris que pour l'employer aux interests de nostre salut, en ayant fait vne victime sur la Croix, il continuë dans ses premieres intentions quand il l'expose encore dessus nos Autels pour estre l'aliment des ames; Et quoy qu'il soit à luy, il veut pourtant qu'il soit nostre par vn excez de Charité qui n'a point d'exemple.

Il ne s'est vny dans l'Incarnation qu'à vn seul individu de la Nature humaine qu'il appuya de sa propre subsistance; Mais dans l'Eucharistie il servit à tous les hommes qui le reçoivent par vne bonté plus étenduë. Et quoy qu'il nous soit donné comme viande, neantmoins contre l'ordre de la Nature, elle nous transforme heureusement en elle, & nous rend selon l'oracle de saint Pierre, participans de l'estre de Dieu. Reflechissez, Mon Cher Lecteur, sur ce que ie vous dis, & considerez avec attention jusques à quel point s'est élevé l'amour que Dieu a eu pour nous en cét Auguste Mystere : Car pour operer toutes ses hautes merveilles chez nous & en nostre faveur, il a falu qu'il ayt employé sa Toute-puissance pour faire des Miracles que la Nature & la raison ne peuvent regarder que saisies de frayeur & d'étonnement. Apres cela ne serons-nous pas touchez d'vne sensible & extraordinaire Devotion pour luy.

L'interest nous y est encore vn puissant motif, car nous y recevons des forces miraculeuses contre nos ennemys. Ie sçay que le Baptesme lave chez nous la tache d'origine, de sorte que nous sommes tous purs apres l'avoir reçeu; neantmoins nostre nature est si foible, qu'elle à besoin d'estre appuyée de ce divin aliment qui contient en soy celuy à qui personne ne peut resister. Quoy que les Demons ne soient les maîtres du Monde, & que le Fils de Dieu leur en ayt osté l'Empire; toutesfois ils ont tant d'intelligence avec nos passions, & celles cy avec nostre chair, que nous sommes en danger de perir, si la presence de ce grand Dieu vivant ne les exile, ou ne face cesser leurs persecutions : C'est pourquoy on donnoit autresfois la sacrée Communion aux Chrestiens de l'Eglise naissante pour les fortifier dans les tourmens du Martyre. Et saint Cyprian dit qu'il ne faut pas qu'on soit si pre-

somptueux que de se presenter devant les Bourreaux, qu'on n'ayt auparavant reçeu le Corps &
,, le Sang de son Sauveur. Plusieurs, dit ce Docteur,
,, fortifiez par ce Pain Divin & Celeste, & remplis
,, de ce Vin precieux qui engendre les Vierges, ont
,, méprisé les roües, les chevalets, les flammes devo-
,, rantes & tous ces autres horribles instrumens de
,, cruauté, capables de faire desesperer la plus ferme
,, constance des Stoïques. Voilà les deux raisons qui
nous obligent d'avoir de la Devotion pour le saint
Sacrement de l'Autel, & qui sont celles qui y ont
fortement excité le B. Pere GABRIEL MARIA:
Nous avons veu comme lors qu'il estoit Novice, il
témoignoit toûjours vn saint empressement pour
répondre les Messes, & prioit instam-ment les au
tres Freres de luy ceder leur place pour faire cette
fonction. Il n'avoit jamais plus de joye que quand
son P. Maître luy permettoit de faire la Communion,
parce que ce luy estoit vn moyen pour s'vnir à Dieu
qu'il aymoit plus que sa vie, & de recueillir les
grandes vtilitez qui derivent de cette vnion. Il experimentoit en luy mesme que le cœur a toûjours
besoin de recevoir du rafraichissement par la continuelle respiration de l'air, comme tous les jours l'e-
stomac demande de la nourriture, & n'en à pas
moins d'avidité, pour en avoir esté souvent remply. Et
delà il tiroit cette consequence, que l'ame ne pouvoit se conserver dans l'innocence, si elle n'estoit
souvent nourrie de ce Pain des Anges en qui toutes les graces sont renfermées. C'est pourquoy ses
Communions estoient frequentes, & il s'étonnoit
de ce

de ce qu'elles estoient si rares. Quoy, disoit-il, *en luy mesme*, peut-on aymer son Sauveur de tout son cœur, & ne le pas recevoir tous les jours, puis qu'il est nostre Pain quotidien, & que nous le demandons à Dieu avec tant d'instance. Pourquoy se prive-t'on de l'usage d'un bien d'où dépend nostre bon-heur. Si vous estes aujourd'huy dans la foiblesse, croit-t'on qu'elle sera moindre apres avoir demeuré long-temps sans prendre cette Divine nourriture qui seule peut donner des forces. On épuise trois grands Elemens & toutes les adresses des hommes pour traiter delicatement deux fois le jour une malheureuse carcasse, & on neglige l'ame qui est la meilleure partie de nous mesmes, sans luy fournir son aliment qui est la Divine Eucharistie. On passe les années entieres sans luy donner qu'une seule refection : Je ne m'étonne donc pas si elle est morte a toutes les Vertus ; Si elle succombe sous la moindre tentation, & si le Demon, le Monde & la Chair triomphent de sa lâcheté. C'est avoir bien peu de zele pour son salut, que de rejetter ou negliger celuy qui fait la gloi- des Saints. Si ce bon Religieux témoigne tant d'ardeur pour communier souvent, parce qu'il experimentoit en luy mesme que cette coûtume produisoit chez luy de plus fortes habitudes pour la Vertu ; Sa ferveur s'accrut davantage, lors qu'il fut Prestre, parce qu'il disoit tous les jours la sainte Messe, s'il n'estoit malade ou beaucoup empéché : Il faisoit cette action avec tant de Pieté, qu'on le voyoit tout transporté hors de luy mesme ; De sorte qu'on avoit de la peine à le reconnoistre, car on eût crû qu'il eût changé de visage, tant il estoit éclatant de lumieres. Sa devotion se répandoit sur tous les assistans qui ressentoient la vertu des Prieres qu'il faisoit pour eux. Vn Religieux incredule au raport qu'on luy en faisoit, en voulut faire l'épreuve, & s'estant mis derriere le rideau de l'Autel, en sorte qu'il voyoit toute la posture du Celebrant sans estre apperçeu de luy, remarqua que ce saint Homme en lisant l'Epistre & l'Evangile, élevoit souvent les yeux au Ciel, changeoit de ton, de voix, de couleur, & s'excitant luy mesme à la ferveur à mesure qu'il s'avançoit dans cét auguste Sacrifice; mais quand ce fut au moment de la Consecration, il avoit la face toute baignée de larmes, & ses yeux brilloient comme deux escarboucles.

CHAPITRE XVIII.

De la Devotion qu'il avoit pour la Ste Vierge.

IL y a des Philosophes qui se sont imaginez que toutes les ames avoient esté creées dés le commencement du Monde, comme les Planettes qui sont attachées au Firmament, & que dans la suite des temps, elles passoient d'vn corps dans vn autre, & toute leur occupation estoit qu'apres avoir abandonné, vne demeure elles s'emparoient d'vne autre. Cette opinion qui n'a pour fondement qu'vne vaine imagination, est détruite par la Theologie qui nous aprend qu'aussi tost que le corps est parfaitement organisé, l'ame est creée de Dieu & infuse dans cette chair, où elle y fait ses operations. La Philosophie la combat avec vne armée de raisons, & dit qu'il y a cette difference entre la matiere & la forme, que la premiere est insatiable dans son appetit, qui recherche le changement, & qui est comme ces femmes débordées qui pensent à de nouvelles alliances dans le moment qu'elles en contractent quelqu'vne : La forme tout au contraire est ferme & opiniastre, qui hayt les seconds Mariages ; c'est pourquoy elle ne retourne jamais dans vn sujet qu'elle a abandonné, & c'est ce qui a fait dire aux Philosophes que de la privation on ne revient point à l'habitude, ce qui doit estre particulierement expliqué de l'ame raisonnable, qui estant simple dans sa constitution est la moins attachée à la matiere : Il ne faut donc pas se persuader qu'elle y veille retourner apres en estre separée ; autrement elle seroit l'ennemie de son repos, & par vn aveuglement qu'on ne sçauroit excuser, elle prefereroit la servitude à la liberté, & les chaînes à vn sceptre. Il luy seroit bien plus avantageux d'estre tout à fait reduite au neant, que d'avoir l'estre sous des conditions si onereuses qui la remplissent d'inquietudes, & qui l'affligent d'autant de maux, que son hoste en souffre ; Et si à present il faut qu'elle s'abaisse pour luy plaire en des choses qui sont indignes de son extraction, il faut par vn juste retour qu'elle voye vn jour la fin des miseres, & qu'elle joüisse d'vne tranquillité qui ne soit point interrompuë par les soins. Ie sçay qu'apres qu'elle est sortie du corps, il luy reste toûjours quelque petite inclination pour luy, & qu'elle veut bien y retourner, mais elle attend sans impatience le jour de la Resurrection generale qui reparera tous ses defauts, le mettra dans vn état plus subtil que l'air, plus agile que la pensée, plus luisant que le Soleil & parfaitement exempt de toutes les atteintes de la douleur, afin de recevoir la recompense de ses travaux ; Tellement qu'il faut donc conclure que les ames raisonnables ne se pourmenent point, ainsi que disoient ces anciens, d'vn corps dans vn autre, comme vn Voyageur qui va d'hostellerie en hostellerie pour y prendre ses repas & le remede à ses besoins. Neantmoins s'il y avoit lieu de donner quelque sorte de créance à cette opinion, ce seroit de voir des personnes qui naissent dans la suite des temps, & qui mesme sont éloignées de plusieurs siecles qui ont tant de ressemblance les vns aux autres, qu'on diroit qu'elles ont le mesme esprit, parce que leurs inclinations, leurs actions & leurs genies sont tous semblables; Et c'est ce que ie remarque entre saint Bernard & le Bien-heureux Pere GABRIEL MARIA au sujet de la Devotion à la sainte Vierge, car si le premier estoit toûjours occupé en ses loüanges, le second n'avoit point d'autre employ qui luy fut plus commun & plus cher que de travailler pour les interests de sa gloire; & si ie ne craignois point d'estre importun au Lecteur, ie m'étenderois davantage sur les grands raports qu'il y a entre les deux. Il les pourra remarquer par la suite de ce discours.

 Toutes les Prieres du Bien-heureux P. GABRIEL MARIA se raportoient à la Mere de Dieu; il repetoit souvent son admirable Cantique de *Magnifi cat*, ou l'Hymne des Anges, *Gloria in Excelsis Deo*. Il disoit tous les jours le Chapelet de dix *Ave Maria* en son honneur : Il raportoit toutes ses Meditations au Mystere de l'Annonciation ou au dix Vertus de Nostre Dame, & en mesme temps qu'il entendoit sonner vn Horloge ou vne cloche d'Eglise, il disoit l'*Ave Maria*.

Il avoit composé vn exercice spirituel pour s'occuper les sept jours de la Semaine dans la consideration des graces que la sainte Vierge a receuës de Nostre Seigneur.

Le Lundy il faut se representer comme de toute eternité elle fut éleüe pour estre la Mere de Dieu à l'exclusion de tant de personnes de son sexe si remarquables par leur extraction, par leur Vertu, ou par leur beauté.

Le Mardy il faut mediter comme elle fut preservée du Peché Originel, & dans le moment qu'elle devoit tomber dans la masse corrompuë d'Adam, elle fut soûtenuë de la main Toutepuissante de Dieu qui la conserva toute pure, de sorte qu'elle n'a jamais esté soüillée d'aucune tache.

Le Mercredy vous considererez comme elle fut conservée dans les graces qu'elle avoit reçeuës du Ciel, & ce fut lors qu'elle s'offrit dans le Temple comme vne innocente victime au service de Dieu.

Le Ieudy on admirera comme elle fut si bien confirméé en toutes ses graces qu'il estoit moralement impossible qu'elle fist aucune action contraire à la Loy Divine, ny mesme à la bienseance, parce qu'elle estoit sous vne protection particuliere de Dieu.

Le Vendredy vous reflechirez sur vne faveur toute particuliere qu'elle reçeut en ce qu'elle conformoit toutes ses actions à celles de son Fils, sçachant fort bien que cette ressemblance estoit le grand caractere de la Predestination : Et le texte remarque qu'elle conservoit dans son cœur tout ce que le Sauveur disoit ou faisoit, afin que sa vie en fût vne veritable expression.

Le Samedy vous mediterez comme elle a reçeu vne grace de consommation, qui arriva lors que ses travaux furent couronnez le jour de son Assomption triomphante dans le Ciel. Enfin la sainte Vierge estoit toûjours dans son cœur ou sur ses levres : Tous ses Sermons n'estoient d'ordinaire que de ses louanges, & il faisoit tout ce qu'il pouvoit pour luy attirer des Serviteurs.

Il protestoit hautement deux choses, dont la premiere estoit qu'il ne s'estoit fait Religieux de saint François, que pour avoir plus de liberté & de loisir de la servir & de reverer ses grandeurs. La seconde qu'il estoit redevable à cette divine Princesse de toutes les Graces qu'il avoit receuës du Ciel, parce qu'il les avoit obtenues par son intercession.

Il semble que la Devotion qu'il avoit pour elle, luy avoit donné des aisles pour voler tantost en Italie, tantost en Espagne, & pour luy faire passer les Alpes & les Pyrenées avec vne asseurance inexplicable ; de sorte que les fleuves & les montagnes qui arrestent l'ambition ou l'avarice des hommes, ne peuvent empêcher le cours de ses conquestes pour faire par tout des esclaves à la divine Marie.

C'est à ses travaux à qui on doit l'établissement de la Religion de la Vierge Marie ; Il est vray que la Bien-heureuse Ieanne de France en est la Fondatrice, parce que c'est elle qui en a eu le premier dessein par vne inspiration du Ciel ; mais il en a dressé le plan selon l'instruction que luy en donnoit cette Ste Princesse. C'est luy qui a composé la Regle, qui a eu la peine d'aller tant de fois à Rome, soit pour en obtenir la confirmation, soit pour mettre cette nouvelle Religion au point de sa perfection. Il a esté intrepide parmy tant de dangers qui menaçoient sa vie durant trente ans de courses qu'il a faites pour ce pieux dessein. Il ne s'est jamais épargné quand il a creu pouvoir faire quelque chose qui servît à l'avancement de cét Institut : Il s'y appliquoit avec tant de joye, que toutes les plus grandes fatigues ne luy estoient que des delices, & il regardoit ces progrez avec vne satisfaction inexplicable.

Il alla en Flandre pour y établir des Monasteres de cét Ordre, & apres avoir rendu ses respects à la Princesse Marguerite d'Autriche Gouvernante des Pays-Bas durant la minorité de Charles-Quint son Neveu, il fonda les Convens de Bruges & de Bethune qui depuis ont esté comme les secondes sources de tant de Maisons qui florissent dans ces grandes & belles Provinces, par vne exacte observance de leur Regle & par cette ancienne ferveur qui jusques à present n'a point esté alterée.

Il celebra vn Chapitre de son Ordre à Anvers, & y erigea vne Confrairie de la Conception de Nostre Dame, de sorte qu'il laissa par tout des marques de son incomparable Devotion pour la Vierge, & du pouvoir que Dieu luy avoit donné par son entremise, particulierement à Louvain, où il guerit vne Religieuse de l'Annonciade du nombre des douze qu'il avoit amenées de Bourges qui estoit malade, ayant soin de son troupeau comme vn bon Pasteur & veillant à la santé des corps aussi bien que des ames comme vn Medecin charitable.

Ce fut encore pour soûtenir la gloire de Nostre-Dame que ce saint Religieux a entrepris tant de fameuses disputes, pour defendre son Immaculée Conception, dont il a toûjours remporté la victoire avec tant davantage, qu'il a convaincu les rebelles : & il estoit si zelé en ces rencontres qu'il eût voulu mourir pour les interests de cette cause ; Il n'avoit point de plus forte passion que de plaire à la sainte Vierge, iusques là qu'il a composé vn Liure exprés des moyens propres pour cela. On garde au Monastere de Bourges vn manuscrit qui est extrait de quelqu'vn de ses sermons pour vn Avent & vn Caresme, dont le sujet est le Cantique de la Sainte Vierge & le salut de l'Ange Gabriel.

Il dit dans ce Traitté que trois choses sont necessaire pour plaire à Nostre-Dame.

La premiere est de pleurer pour les pechez qu'on a commis.

La seconde recommander à Dieu l'Eglise militante & celle qui est souffrante, composée des ames du Purgatoire.

La troisiéme est de juger toujours bien de son prochain.

La premiere est plus estimée de Dieu, dit ce sçavant homme, écrivant à vne Religieuse, que si on versoit vn deluge de larmes pour la perte de ses amis ou de ses proches.

La seconde luy plaist plus que si on faisoit de grandes aumosnes & qu'on prist de rudes disciplines.

La troisiéme est mieux receüe de luy que si on faisoit le Voyage de la Terre Sainte.

Comme Nostre-Dame n'est point separée de pensées ny d'interests dans son Fils, & que ces trois choses luy agréent beaucoup, elles gaignent aussi l'affection de la Mere: Et parce que ce Saint Religieux avoit beaucoup de charité pour le prochain; Il souhaitoit que tous les Fideles eussent bonne part dans l'amitié de la Sainte Vierge; C'est pourquoy, écrivant à vne Religieuse appellée Sœur Françoise de Mohet, il luy dit ma chere Fille, il n'y a rien au monde que je souhaitte avec tant d'ardeur, que vous vous insinüyez bien avant dans l'affection de la Mere de Dieu, & j'estime qu'il n'y a point de moyen plus propre pour cela, que de luy faire vne Oblation de vostre memoire, de vostre oüye, de vos yeux & de vostre langue : Mais si vous voulez que le Sacrifice que vous luy ferez, soit parfait, il faut qu'il soit accompagné d'humilité & d'amour.

Vostre memoire doit estre sans souvenir des injures, des déplaisirs & du mal que vous aurez receu de vostre prochain : Il faut qu'elle soit toute occupée sur vos fautes passées, & à refléchir sous les supplices de la Passion de nostre Seigneur.

Vos oreilles n'écouteront jamais de chansons ny de discours qui sentent le monde, & qui pourroient exciter vostre cœur à aymer d'autre objets que Iesus & Marie.

Vos yeux ne regarderont jamais aucune personne seculiere, ny quoy que ce soit qui puisse faire naître chez vous les mouvemens de la curiosité, mais sur tout ils se détourneront de tout ce qui peut exciter au vice.

Vostre langue sera eternellement liée pour ne prononcer jamais aucun mot qui puisse contrister vostre prochain, & si elle parle, se fera pour s'excuser; & à l'imitation de la Divine Marie, elle sera éternellement consacrée à la Verité, à la Douceur, & aux Loüanges de Dieu. Si vous parlez de vous-mesme n'en dites que les defauts & vous en donnez le blâme : Si vous voulez rendre vostre langue vtile au prochain, il faut qu'elle s'employe à luy donner de bons conseils, & à luy faire des discours qui l'édifient. Ne doutez pas, ma Fille, que si vous offrez toutes ces choses à la Sainte Vierge, que vostre present ne luy soit extremement aggreable.

Ce bon Religieux ne donnoit point de conseil aux autres qu'il ne pratiquât luy-mesme ; C'est pourquoy il avoit fait quatre promesses à la Divine Marie, conceuës en ces termes, par lesquelles vous verrez jusques à quel point il l'honoroit.

La premiere est ; J'ay promis à ma bonne Mere la Sainte Vierge, vne vnion irrevocable avec Elle, sous peine de peché mortel, sans en avoir d'autre fur la terre que pour l'amour d'Elle & de son congé.

Secondement, de luy dire franchement & fans diſſimulation tout ce qui me donnera de l'inquietude, & d'avoir recours à elle comme à mon refuge, de qui j'eſpere la conſolation.

Item, de faire tout ce que je ſçauray qui luy ſera aggreable, & d'accomplir tout ce qu'on me demandera en l'honneur de ſon Annonciation & des cinq Playes mortelles de Ieſus-Chriſt.

Enfin, de ne m'attacher par aucune familiarité petite ou grande, où la ſenſualité ſe puiſſe meſler, & de n'avoir d'amour ny de plaiſir, que pour & dans la Divine Marie. Si je ne craignois point d'ennuyer mon Lecteur, je luy ferois vn entier recit des Pratiques de ce grand Homme, par leſquelles il pourra évidemment connoiſtre qu'il ne cedoit en rien à S. Bernard pour la devotion à la Sainte Vierge: car il n'y avoit preſque d'heure dans le jour où il ne luy rendit ſes hommages en mille façons differentes, tantoſt par des Elevations d'eſprit, ou par des Prieres, ou par quelque remarquable ſerivce.

Chapitre XIX.

De la Devotion qu'il avoit pour les Anges.

IE ne trouve rien de si raisonnable que la devotion que les Chrestiens ont pour les Anges, car nous recevons si souvent des secours de leur part, qu'il n'y a point de momens en nostre vie qui ne soient marquez par quelqu'vn de leur bien-faits. L'Apostre m'apprend qu'ils sont tous Esprits de service, envoyez du Ciel pour assister ceux qui pretendent à l'heritage du salut: Et comme ils sont si obeïssans à Dieu, qu'ils font consister la meilleure partie de leur gloire dans la soûmission qu'ils luy rendent; ,,On ne sçauroit expliquer, dit saint Bernard, ,,avec qu'elles ardeurs ils soüaitent de voir les ruines ,,de leur Ville entierement reparées, ny leurs soins, ,,afin qu'on joigne des pieces vives avec ceux qui ,,contribuent à la perfection de cette belle Cité. ,,Quelles courses ne font-ils point de nous à Dieu, ,,pour luy porter nos prieres & nos gemissemens, & ,,de Dieu à nous pour rapporter l'enterinement de ,,nos demandes avec sa sainte grace. Ie ne voy rien de plus commun dans les écrits des Docteurs de l'Eglise, que leur témoignage pour prouver les bons offices que nous recevons de ses sacrées Intelligences. Saint Augustin dans ses Soliloques chapitre 27. dit qu'ils marchent, entrent & sortent avec nous,

Ils confiderent attentivement la façon avec laquelle nous agiffons : Ils nous aydent dans noftre travail : Ils veillent à cofté de nous, lors que nous fommes dans le repos : Ils nous animent quand nous combattons, & nous preparent des Couronnes, fi nous fommes victorieux.

Ie croy qu'Origene avoit eu long temps avant luy cette penfée, car il dit dans l'Homelie 8. fur la Genefe, que nous fommes fous leur conduite, parce qu'ils font nos Tuteurs : Et tout ainfi comme ceux qui font en cét employ, ont vn foin particulier des biens de leurs pupilles, & qu'ils les inftruifent jufques à ce qu'ils foient raifonnables, De mefme les Anges nous rendent tous ces bons offices : Ils nous defendent des dangers : Ils conduifent nos pas : Ils nous enfeignent dans noftre ignorance : Ils nous éclairent dans nos tenebres : Ils nous fortifient dans nos foibleffes : Ils nous relevent de nos chûtes : Ils nous infpirent les bonnes refolutions : Si les Demons nous tentent, ils les écartent : Si c'eft la Chair, ils la repriment : Si c'eft le Monde, ils nous renforcent contre luy : Si ce font les afflictions, ils nous confolent. Dieu, dit S. Bernard, a commandé aux Anges de nous affifter particulierement dans ces dangereux fentiers, où noftre falut eft en peril : De forte qu'ils nous defendent de tous nos ennemis vifibles ou invifibles, comme les inclinations de noftre nature depravée qui favorifent les fens dans leurs revoltes contre la raifon, les tenebres de noftre efprit, l'inconftance de nos volontez, la lâcheté pour vaincre les difficultez qui

O 3

se rencontrent dans la poursuite de la Vertu, les mauvais exemples, qui gaignent par vne secrette contagion tous nos sentimens, & qui nous impriment insensiblement la malignité de leurs habitudes. Mais les ennemis qui jettent plus de desordres dans nostre conduite, qui font de plus grands efforts sur nostre constance, & qui changent nos courages en de honteuses defaites, sont les Demons qui nous tentent & qui employent leurs ruses avec leurs forces pour nous engager dans le vice. Or les bons Anges nous assistent de leurs soins & de leurs veilles parmy tant de hasards qui nous menacent d'vne mort eternelle. Ie ne croy pas, Mon cher Lecteur, que tu ne sois apres ce discours fortement excité à avoir de l'affection pour les Anges à l'imitation du Bien-heureux Pere GABRIEL MARIA qui s'attachoit fort étroittement à leur service & pour honorer l'éminence & l'étenduë de leur intelligence, à qui rien n'est caché des choses qui sont dans l'ordre de la nature, il fit vœu de dire toûjours la verité sans déguisement ; mais sur tout, il avoit beaucoup de respect pour son Ange Gardien ; & pour exciter les Chrestiens à cette action de Pieté, il obtint mil jours de Pardon pour ceux, qui en reconnoissance de tant de biens que nous recevons d'eux, diront vn *Aue Maria*.

En finissant ce Chapitre, faut que je die qu'il n'y avoit rien de mieux reglé que les devotions de ce bon Religieux, car il les conformoit à l'vsage de l'Eglise, parce, disoit-il, que le Ciel est liberal de ses Graces pour la Pratique des Vertus selon la diverſité des Feſtes, ainſi l'Avent luy eſtoit vn temps d'Amour & d'atente du Petit Ieſus: Le Careſme, vn exercice pour la Penitence: Le Temps de Paſques & de l'Aſcenſion, vn ſujet d'eſperance & de deſirs pour la Gloire: La Pentecoſte, de Charité: La Feſte de la Trinité, d'Adoration: Le Sacre, de Devotion: Les Feſtes de Ieſus & de Marie, vne Leçon des Vertus qu'on remarque dans les Myſteres qu'on y celebre: Celles des Saints, pour imiter leurs actions, & pour les invoquer, en les prians d'employer leur pouvoir auprés de Dieu, pour obtenir de luy ce qu'on deſire.

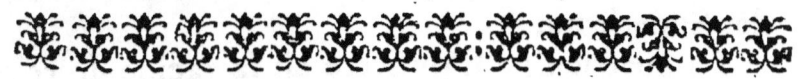

CHAPITRE XX.

Abbregé de ſes Maximes ſpirituelles.

CEux qui nous ont donné la connoiſſance des plus conſiderables principes des Sciences, devoient y eſtre tres-doctes, & les poſſeder dans toute la perfection poſſible aux hommes.

Lors qu'vn Artiſan nous preſcrit des regles infaillibles pour réuſſir heureuſement dans ſon Art, il faut ſuppoſer qu'il s'y eſt rendu fort habile par ſon étude & par ſes experiences.

Le Bien-heureux Pere GABRIEL MARIA nous a laiſſé des preceptes de la Vie Religieuſe & Spirituelle ſi admirables, qu'il n'y a perſonne qui ne juge bien qu'il eſtoit vn des plus interieurs & vn des plus devots de son siecle. Voicy ses plus communes Maximes.

La premiere, Le Monastere auquel les Religieux ne s'ayment point, est vne maison du Diable, parce que Iesus-Christ n'y habite point.

La seconde, C'est le devoir de la Charité de ne regarder jamais les pechez de son Prochain, & celuy de l'Humilité de prendre toûjours garde aux siens.

La troisiéme, La Religion sera toûjours heureuse tandis que les Superieurs & les Inferieurs seront bien vnis, & que les Superieurs conserveront les Droits des Inferieurs, & les Inferieurs les Droits des Superieurs.

La quatriéme, L'oysiveté est la racine de tous les maux, la ruine des Religions, la perte des Ames & l'extermination des Vertus.

La cinquiéme, Dans la Religion il ne faut faire qu'vne fois sa Confession generale de toute sa vie: car la faire plus souvent, c'est étouffer la Devotion, troubler la paix du cœur, & nourrir l'inquietude de la conscience, si ce n'est que celle qu'on a fait ne fût pas valable.

La sixiéme, Vn bon Confesseur est tout le bien d'vne Maison Religieuse, vn mauvais en est la ruine: C'est pourquoy les Religieux doivent employer tous leurs soins, & toutes leurs Prieres pour en avoir vn bon, spirituel & fort experimenté.

La septiéme, Dans la Religion, il faut fuyr les Seculiers comme on fuit les bancs & les écüeils de la Mer.

La

La huitiéme, Le Visiteur d'vne Maison Religieuse ne se doit pas contenter de dire de bouche ce qu'il ordonne, & qu'il veut estre inviolablement gardé, mais il le doit laisser par écrit, estant necessaire de lire beaucoup de fois en Communauté vne chose, afin qu'on l'observe ponctuellement.

La neufiéme, Il faut pour le bien de la Paix, que le Superieur ou la Superieure donnent par écrit à châque Officiers, les points & les charges de son Office.

La dixiéme, Bien heureux est le Religieux qui se contente en toutes choses de l'ordinaire de la Communauté.

La vnziéme, Que le Superieur & la Superieure ayent vn soin particulier des malades, qu'ils les visitent tous les jours, & qu'ils ne leur épargnent rien: Mais toutefois qu'ils se souviennent que les Vertus sont sœurs, & que la Charité ne doit point chasser la Pauvreté hors de son Monastere.

La douziéme, Il est fort difficile de trouver dans vn mesme Monastere, & les Richesses & la Devotion.

La treiziéme, Entrant en Religion, on renonce à sa propre volonté, & c'est vn sacrilege que de la vouloir reprendre.

La quatorziéme, Pour bien obeyr, il faut que le Religieux regarde son Superieur comme le Lieutenant de Dieu, & que la Religieuse de l'Ordre des Dix Vertus, considere sa Superieure comme celle qui tient la place de la Sainte Vierge.

P

La quinziéme, Il faut que le Religieux ou la Religieuse reçoivent dans le Chapitre en toute humilité, la Penitence que le Superieur ou la Superieure leur imposent, & qu'ils se souviennent que le Chapitre est le Purgatoire des bons Religieux & des bonnes Religieuses.

La seiziéme, Dans la Religion de la Vierge Marie, on doit vivre de la Vie, & mourir de la mort de Marie.

La dix-septiéme, La Religion de la Vierge Marie doit surmonter toutes les autres Religions en Pureté, en Humilité, & en Charité, qui sont les trois principales Vertus de la Sainte Vierge.

La dix-huitiéme, Plus on est imparfait, il faut davantage s'appliquer à la Priere & s'approcher de Iesus pour luy ouvrir son cœur, & luy découvrir ses defauts.

La dix-neufiéme, Lors qu'on a perdu Iesus, il le faut chercher durant trois jours qui sont la Contrition, la Confession & la Satisfaction : On ne le trouve pas souvent, parce qu'on n'employe pas bien la journée de la Confession, la faisant imparfaite ou sans douleur.

La vingtiéme, Vn Religieux ne doit chercher aucun contentement ny de consolation que dans Iesus.

La vingt vniéme, Qui veut profiter en Religion, on ne doit rien celer ny déguiser à ses Superieurs, & partant il faut que dans les exhortations qu'ils font, ils parlent souvent de ce point si vtile, qui est la perspicuité de la conscience.

La vingt-deuxiéme, Le Religieux se doit réjoüir quand il voit que le Superieur connoît son imperfection.

La vingt-troisiéme, Au Confessionnal il ne faut parler que du salut des Ames.

La vingt-quatriéme, L'Oraison Mentale & Vocale sont les deux pilliers de la Religion.

La vingt-cinquiéme, Ceux qui se laissent emporter à l'ambition des Charges, se retirent de Iesus pour s'approcher de Sathan.

La vingt-sixiéme, Celuy qui ne mortifie point la chair, n'aura jamais le cœur pur & net, ny vny avec Dieu & avec sa tres digne Mere.

La vingt-septiéme, Pour attirer Dieu à soy, il faut parler de luy.

La vingt-huitiéme, Vne petite faute commise au Chœur, est toûjours grande à raison de la presence de Dieu & des Anges.

La vingt-neuviéme, Les Superieurs doivent estre Marthe & Marie tout ensemble, c'est à dire pourvoyans avec grand soin aux necessitez des inferieurs, & s'appliquans à la Priere.

La trentiéme, Il faut toûjours excuser ceux de qui on parle mal.

La trente-vniéme, Pour bien employer le temps, il faut avoir ses exercices bien reglez, car il nous est souvent inutile pour ne sçavoir pas ce qu'on a à faire.

La trente-deuxieme, La Religieuse de la Vierge Marie doit avoir vne patience riante, c'est à dire tout souffrir avec joye.

Il disoit qu'il y avoit quatre moyens pour estre pauvre d'esprit.

Le premier, Reconnoistre ses pechez.

Le second, Se mépriser soy-mesme.

Le troisiéme, Ne mépriser personne.

Le quatriéme, Honorer un chacun.

Il adjoûtoit qu'il y avoit quatre moyens pour estre debonnaire

Le premier, Est la douce réponse.

Le deuxiéme, Est la douce admonition.

Le troisiéme, La benigne reprehension.

Le quatriéme, La devote condamnation.

Lors qu'il parloit de la Sainte Vierge, il disoit qu'Elle avoit trois grands & singuliers avantages.

Le premier, Qu'Elle avoit esté la plus constante de toutes les creatures, de sorte qu'Elle s'est toujours conservée dans une admirable fermeté au Temps de la Passion parmy la fuitte des Apostres, l'Eclypse du Soleil, le Tremblement de la terre, & lors qu'il sembloit que toute la nature devoit estre reduite au neant.

Le second est, Qu'Elle est la plus parfaite de toutes les creatures.

Le troisiéme est, Que Dieu l'ayme mieux que tous les autres ouvrages de sa Puissance & de sa Sagesse.

Lors qu'il parloit de la perseverance, il prononçoit toujours ces trois excellentes maximes.

La premiere est, Du Fils de Dieu qui dit dans l'Evangile, que celuy qui met la main à la charruë & qui regarde derriere soy, n'est point propre pour le Royaume de Dieu.

Le second est, Du mesme Sauveur, qui dit, que

qui perseverera jusques à la fin, sera couronné.

La troisiéme est, Que le bien est toujours bien, mais lors qu'il est fait avec perseverance, c'est vn double bien, & qu'vn petit bien fait de la sorte est beaucoup plus aggreable à Dieu, que de grandes actions qui n'auroient pas vne continuë si ferme.

Lors qu'il parloit encor des Moyens, dont vne Religieuse devoit se servir pour plaire à Iesus-Christ son Epoux, il disoit qu'il y en auoit onze.

Le premier est, D'estre mal vestuë.

Le Second, Mal logée.

Le troisiéme, Mal nourrie.

Le quatriéme, Estre toujours contente de tout ce qui arrive, excepté lors que Dieu est offencé.

Le cinquiéme, Estre toûjours occupée à loüer Dieu interieurement ou de vive voix.

Le sixiéme, Estre toûjours égale dans les afflictions ou dans les prosperitez.

Le septiéme, Souhaitter de porter toûjours la Croix de Iesus.

Le huitiéme, Estre toujours douce de cœur ou de bouche.

Le neufiéme, S'offrir souvent à la Tres-Sainte Trinité, comme vne victime sur qui Elle a vn parfait empire.

Le dixiéme, Estre fidele dans l'accomplissement de ses Vœux & de ses saintes Resolutions.

Et le dernier, Perseverer jusques à la fin dans la pratique des bonnes œuures.

Il disoit ordinairement que le Diable se servoit de trois sortes d'artifices pour débaucher vne Religieuse de Iesus Christ son Epoux, & qu'il l'attaquoit par trois endroits, qui sont l'entendement, la volonté & les mains : Et parce que nostre esprit ne peut avoir de la connoissance que par l'entremise des sens, c'est pourquoy il commançoit par là en luy faisant voir les choses autrement qu'elles ne sont, & luy montrant les vanitez de la terre dans vn grand éclat, & luy cachant les inquietudes & les mal-heurs qui les accompagnent, d'où puis apres il prend sujet de tromper le jugement, & c'est sa seconde ruse : Car luy ayant fait vn faux rapport des delices des mondains, il en conçoit vne haute estime, & s'entretient souvent dans son erreur.

Il les attaque dans la volonté, en leur inspirant l'amour propre, c'est à dire vne vaine complaisance pour elles-mesmes, ou de la tristesse à raison de la prosperité ou de la gloire de leurs Sœurs, ou en leur donnant de la crainte ou de la frayeur pour les exercices de la mortification.

Il les attaque encore par les mains & en deux façons.

Premierement, En les empeschant d'avoir la paix chez elles & avec les autres.

Secondement, En les détournant de la Priere.

Il disoit encor qu'il y avoit vne Trinité de science fort vtile.

La premiere, De bien loüer Dieu.

La seconde, De bien pleurer ses pechez.

La troisiéme, De bien Communier.

Il disoit qu'il y avoit dix excellens moyens

pour plaire à Dieu & à sa sainte Mere.

Le premier, S'humilier parfaitement en veuë de ses foiblesses.

Le second, Ne s'affliger que de ses pechez & de ceux de son Prochain.

Le troisiéme, Croire à autruy plus qu'à soy mesme.

Le quatriéme, Se contenter de peu, & de rien desirer.

Le cinquiéme, Ne point mépriser son Prochain, mais aymer tout le monde par Charité.

Le sixiéme, Ne juger personne d'aucun peché mortel.

Le septiéme, Aymer le bien d'autruy comme le sien propre.

Le huitiéme, Ne mettre son amour qu'en Dieu ou pour l'amour de Dieu.

Le neufiéme, Avoir toûjours Dieu en sa pensée & en son cœur.

Le dixiéme, Reconnoître ses bien-faits & souvent l'en remercier.

Mon Cher Lecteur, vous avez veu icy quelques vnes des principales Vertus que le Bien heureux Pére GABRIEL MARIA a pratiquées dans sa condition de Religieux de saint François; Il faut maintenant le considerer dans les principales Charges, qu'il a eu dans cét Ordre : Et c'est le sujet de la seconde partie de ce Livre.

SECONDE PARTIE
DE LA VIE DV B. PERE GABRIEL MARIA

CHAPITRE. I.
Des Offices qu'il a eu dans l'Ordre de Saint François

VOY que ceux qui sont dans les dignitez de l'Eglise semblent recevoir leur authorité des elections, il faut neantmoins confesser qu'elles dependent de Dieu qui dispose ainsi les volontez par des mouvemens cachez, & qui previent les brigues de l'ambition dont il sçait faire réüssir les desseins de sa Sagesse. L'Histoire sainte nous apprend que les Prophetes ont nommé les Roys, & que souvent ils les ont sacrez avant qu'ils fussent éleus du peuple, tellement que ses suffrages ne faisoient que publier les ordres secrets de la Providence : Et nous avons mil exemples de cela dans nos Legendes. S. Nicolas s'estant rencontré dans la Ville de Mire,

qui

qui est la Capitale de la Lycie, dans vn Temple où les Evesques estoient assemblez pour donner à cette Eglise vn Pasteur qui fût digne de cet employ: Dieu revela à vn de ses illustres Prelats qu'il faloit élire le premier qui le lendemain au matin entreroit dans le Temple & qui s'appelloit Nicolas. Il en advertit ses Collegues & le Clergé, qui furent fort satisfaits de cette proposition: dés le point du iour le Serviteur de Dieu se presenta aux portes, supplie fort humblement qu'on les luy ouvre & qu'il y desire faire sa priere: Il rencontre ce devot Pontife qui l'attendoit & qui le presenta à toute la Compagnie qui le consacra Evesque avec vne joye inexplicable de tous les assistans.

Ne confesserez vous pas avec moy qu'il estoit éleu dans le Ciel pour ce haut ministere avant que les hommes luy eussent donné leur voix; y a-t'il rien de plus admirable que ce que nous lisons de S. Ambroise qui fut envoyé par l'Empereur Valentinien à Milan pour en estre le Gouverneur. Auxence qui estoit Evesque de cette fameuse Ville mourut: tout le peuple estoit sur le point de se couper la gorge, par ce que les Arriens vouloient avoir vn Evesque de leur secte, les Catholiques avoient leurs pretentions toutes contraires; dans ce rude conflict d'où l'on ne pouvoit attendre qu'vn horrible carnage: Saint Ambroise obligé par son office d'appaiser la sedition, se transporte sur le lieu; à peine avoit il commencé sa harangue pour reconcilier les deux parties, qu'vn enfant qui n'avoit pas encor l'vsage de la parole, cria tout haut, Ambroise Evesque, &

cette voix par inspiration divine fut receuë des vns & des autres, de maniere que tous le choisirent pour leur Prelat. Ne me confesserez vous pas que ny la chair, ny le sang, ny l'ambition qui recherche les honneurs ne contribuerent de rien pour l'élever en cette dignité.

Le Bien-heureux Pere GABRIEL MARIA a eu tous les Offices de son Ordre, qu'il a exercé avec vne admirale integrité, mais les brigues ny la faveur n'ont point eu de part à son élevation : c'est Dieu & ses merites qui l'ont fait monter par degrez aux plus considerables emplois de sa Religion, comme les grands Capitaines qui avant que d'avoir l'épée de Connestable ou le baston de Mareschal, ont porté la picque & le mousquet : car apres avoir achevé ses études avec tout le succez qu'on pouvoit desirer, il enseigna fort long-temps la Theologie, apres cela il fut Gardien du Convent d'Amboise, & puis par la mort du Pere Iean de la Fontaine, il fut fait Directeur & Confesseur de la Bien-heureuse Ieanne de France, vne Ville bastie sur vne éminence ne se peut cacher, non plus que la lumiere d'vn gros flambeau qui éclaire vne Sale.

Les vertus du Bien-heureux Pere GABRIEL MARIA jettoient trop d'éclat pour estre inconnuës, de sorte que sa reputation avoit vne étenduë plus vaste que toute la France, & sur cela les Peres de la Province d'Aquitaine l'antique, le choisirent pour estre leur Provincial, quoy qu'ils eussent alors de grands hommes capables de cette charge : Il s'acquitta de toutes ses fonctions avec tant de douceur & de prudence, qu'il se concilia l'affection & l'estime de toute la Religion qui estant assemblée dans vn Chapitre General tenu à Rabastens l'an mil cinq cens onze, l'éleut Vicaire General de toute la famille Cismontaine, où il faut remarquer que tout l'Ordre de S. François estoit alors comme vn grand arbre divisé en deux principales branches, qui estoient les Conventuels & les Observantins, & qui tous estoient sous vn mesme General, mais ces Religieux qu'on appelle de l'Observance s'estans beaucoup multipliez parce que leur sainteté les faisoit desirer de toutes les Villes, il n'y en avoit point qui fut mediocrement accommodée qui ne leur donnât des maisons, ils furent contrains de se separer des Conventuels, afin de garder plus exactement leur Regle, & demeurerent seulement vnis avec eux sous vn mesme Chef, & avoient le droit d'élire leurs Vicaires Generaux qui les gouvernoient selon leurs constitutions, & parce qu'vn seul homme ne pouvoit pas satisfaire à toutes ses visites, c'est pourquoy cette Congregation fut partagée en deux Familles: celle qu'on appelloit Vltramontaine estoit composée des Convents, qui sont au delà des Alpes: la Cismontaine de ceux qui sont en deçà des montagnes, qui comprend tous les Convents de l'Ordre qui sont dans la France, dans la Flandre, dans l'Angleterre, dans l'Hybernie, dans l'Allemagne, dans les deux Indes & dans les Antipodes; & c'est pour cet office de Vicaire General sur cette derniere Famille que le Bien-heureux Pere GABRIEL MARIA fut éleu au Chapitre General de Rabastens, l'an

1511. comme nous avons déja dit, il l'exerça six ans durant avec vn zele & vne prudence miraculeuse, de sorte qu'ils'acquit l'amitié de tout l'Ordre, qui l'y confirma encor par élection au Chapitre General tenu à Roüen l'an 1516. & l'an 1517. le Pape Leon X. qui vouloit vnir tout l'Ordre de S. François & de tant de Congregations differentes, dont il estoit composé n'en faire qu'vn Corps sous vn seul Chef. Il assembla à Rome vn Chapitre Generalissime, où il voulut que tous les Religieux si differens d'habits & de statuts y assistassent, afin de les rendre tous semblables, mais les mœurs des vns & des autres estoient trop opposées pour les assembler; les Observans dirent qu'ils ne pouvoient se mesler avec les Conventuels, parce qu'ils vouloient garder leur Regle en sa pureté, les Conventuels d'vn autre costé protesterent qu'ils vouloient toûjours retenir leurs privileges, surquoy il arriva vne chose fort remarquable & qui fit assez voir combien le Bien-heureux Pere GABRIEL MARIA estoit consideré du Souverain Pontife & l'authorité qu'il avoit dans son Ordre; le Pape inclinoit pour les Observantins, parce qu'ils estoient de saints Religieux & pour qui tous les Princes de la Chrestienté s'interessoient fort, leur demanda leurs sentimens sur la proposition qu'il leur avoit faite de les vnir avec les Conventuels. Le Bien-heureux Pere GABRIEL MARIA prit la parole au nom de ce prodigieux nombre de Freres, dit à sa Sainteté assistée du sacré College des Cardinaux: Saint Pere, comme nous n'avons tous qu'vn mesme desir, vne seule bouche vous le peut exprimer, nous n'avons rien à adjoûter à noſtre declaration qui eſt de garder inviolablement noſtre Regle ſans diſpence, ainſi il ne nous reſte plus rien à faire ſinon qu'à vous reïterer les vœux de nos plus ſinceres obeïſſances & de nos plus profonds reſpects, avec vn humble remerciement des graces que nous avons receües de voſtre Sainteté. Cela dit, le Pape ſepara les Conventuels d'avec les Obſeruantins: Il permit aux premiers de s'aſſembler dans leur Convents, & aux ſeconds de tenir leur Chapitre General dans celuy d'*Ara Cœli*, & avant que ceux ny fiſſent leurs élections, il declara leurs Vicaires, Provinciaux, Miniſtres & leurs diſcrets Cuſtodes. Il voulut que tous ſes Vocaux fiſſent élection d'vn Miniſtre General qui fut le Reverend Pere Chriſtofle de Forty, & ordonna que le General des Conventuels receuroit de luy la confirmation de ſon élection. On éleut pareillement vn Commiſſaire General pour gouverner la Famille de deçà les monts, qui fut le Bien-heureux Pere GABRIEL MARIA, ſans toutesfois que cela prejudiciât à l'authorité du General qui s'étend ſur toute la Religion, dont le Commiſſaire General eſt la ſeconde perſonne. Apres qu'il eut eſté confirmé en cet Office, il l'exerça ſi exactement qu'il ne ſe pouvoit pas mieux, il partit de Rome pour faire ſes fonctions, & deux ans apres il alla en Eſpagne, où il tient vne Congregation generale à Tolede l'an 1519. & erigea en Province la Cuſtodie du ſaint Euangile des Peres Diſcalcez, qui ſont de ſes auſteres Religieux, ſous le tiltre de l'Archange ſaint Gabriel, à qui il

Q 3

avoit vne grande devotion : on ne sçauroit dire les progrez admirables que fit l'Ordre de saint François sous la conduite de ce grand Homme : son exemple & sa douceur y firent presque autant de saints qu'il avoit d'inferieurs; car dans les six années qu'il fut dans cette charge il n'oublia rien des soins que doit apporter vn bon Pere pour le bien de ses enfans, & il se rendit si vtile à tout son Ordre, qu'il ne pouvoit se passer de ses bons advis, tellement qu'on l'écoutoit comme vn Oracle, & au Chapitre general tenu à Bruges l'an 1523. il fut éleu Definiteur general, & six ans apres au Chapitre general tenu à Palme l'an 1529. il fut encore continué par élection dans la mesme dignité.

Chapitre II.

Du bon exemple qu'il donnoit à ses Inferieurs.

LEs plus belles actions qu'on a admirées dans le monde, se sont presque toutes faites par imitation, & avant que de les entreprendre on a suivy les traces de ses Hommes illustres qui se sont acquis de l'estime de toute la Posterité par la pratique de leur Vertus. Cesar n'est devenu grand Capitaine qu'en se conformant à Alexandre, & la valeur de celuy-cy a formé le courage de l'autre; C'est pourquoy il est de la derniere importance que ceux qui ont des sujets, vivent si bien, que leurs mœurs puissent estre la regle du public : Car comme dit saint Chrisostome les actions ont des voix plus resonnantes que les trompettes, & ces instrumens de guerre n'excitent point les Soldats au combat comme la generosité & la presence de leurs Capitaines. D'où il faut conclure qu'il n'y a rien de si necessaire à celuy qui a l'empire sur les autres comme la Vertu, c'est elle qui le fait éminent en merites aussi bien qu'en dignité, c'est pourquoy il doit comme le premier mobile se porter luy mesme aux mouvemens qu'il veut imprimer dans les autres, & estre comme les Seraphins vn Exemplaire agissant, parce que tous les yeux & tous les esprits s'attachent sur luy pour observer son genre de vie, quoyque quelques fois le respect en arreste la censure ; La moindre de ses fautes est d'vne extreme consequence, & nous voyons souvent des Congregations renversées par les relâches de ceux qui y president, car ceux qui n'en imitent pas la Sainteté, suivent aisement ce qui est favorable aux desirs de la concupiscence, & prenent vne petite licence pour vne Loy qui leur promet l'impunité en de semblables rencontres.

Le Bien-heureux Pere GABRIEL MARIA a vescu avec tant d'integrité dans les Charges de l'Ordre qu'il a euës, qu'il se pouvoit proposer comme vn modele à tous ses Inferieurs, & leur dire comme saint Paul, soyez *mes Imitateurs comme je le suis de Iesus-Christ.* Aussi quand ils consideroient ce grand Homme qui avoit esté nourry delicatement, qui se portoit avec ferveur aux plus rudes austeritez : Il le suivoient avec courage dans le mesme dessein,

& eussent esté confus en eux mesmes, s'ils eussent cherché plus de soulagemens que luy dans vne vie qui leur devoit estre penitente. Lors qu'on le voyoit le premier & le dernier dans le Chœur sans tirer aucun privilege des incommoditez de son âge, ny de ses hauts employs; ce leur estoit vn puissant motif pour s'acquiter de leur devoir avec toute la perfection possible. En quelque Office qu'il fût, il se tenoit toûjours dans la conformité avec les autres, & ne s'en écartoit jamais par des particularitez, ou plus delicates ou plus mortifiantes, il eût crû que c'eût esté vne bassesse qui luy eût couvert le visage de honte, s'il ne se fust pas contenté d'vne nourriture commune, sous pretexte qu'elle n'eût pas plû à son appetit, & quoy que son temperamment qui eût pû avoir de l'antipathie pour quelque sorte de mets, luy eût esté vne juste raison pour en demander d'autres : Il la rejettoit neantmoins, & se contentoit de ce qui luy estoit servy : Enfin il se rengeoit tres-exactement à toutes les observances regulieres, il s'en estoit fait vne solide habitude, il s'y portoit avec vn zele qui ne s'alentissoit jamais, & qui se fortifioit mesme dans l'occasion d'vne legitime dispence, en agissant de cette sorte, il persuadoit efficacement les esprits, il gagnoit les cœurs, & il confondoit la negligence de ses inferieurs, car qui pourroit resister à celuy qui confirme ce qu'il dit par de si forts exemples & dont la Gloire de Dieu est tout le profit qu'il veut tirer de sa Charge.

Si vne Courtisanne changea promptement ses
resolu-

resolutions ayant consideré le pourtrait du Philosophe Polemon, si elle fut aussi touchée par ce regard, comme si elle avoit esté dans la presence d'vn severe Magistrat, qui l'eût condamnée à la mort ou à changer de vie : quels miracles de vertu n'a point deu imprimer dans l'ame vne sainteté si éminente comme celle du Bien-heureux Pere GABRIEL MARIA, & pour moy je croy qu'on ne le pouvoit voir sans avoir vn desir ardent de luy ressembler ou du moins sans s'accuser d'vne extreme infidelité, & confesser que le peu de ferveur qu'on témoigne pour l'avancement de son salut, vient du peu de soin qu'on se donne à ménager les graces du Ciel : & pour moy je veux croire qu'il estoit comme vn de ces Phares qu'on met sur la pointe des rochers qui sont dans la mer pour advertir les Matelots durant la nuit, où sont les écueils qu'il faut éviter & les routes qu'ils doivent prendre : aussi la vie de ce grand Personnage estoit vne instruction animée à tous ses Inferieurs qui leur aprenoit à fuir le vice comme le naufrage de l'innocence & à s'appliquer au bien. N'avez vous jamais consideré vn Pilote qui a experimenté les infidelitez de l'Ocean & qui est le Precepteur d'vn jeune Nautonier, il luy dit, je vous marquerez en quel rivage on est en danger de se perdre & où sont cachez les rochers qui mettent en pieces les plus puissans vaisseaux, & puis il les luy montre dans le cours de la navigation : le Bien-heureux Pere GABRIEL MARIA avoit ce double soin d'advertir ceux qui luy estoient sujets de leurs devoirs, & puis de confirmer les advis qu'il leur donnoit par la pratique.

Qui est celuy-là qui eut voulu rechercher vne vie delicate, ayant vn Superieur qui depuis sa premiere jeunesse avoit vescu dans les jeûnes jusques à la mort, sans que son grand âge luy aye fait desirer des mets plus exquis, ny que la diminution de ses forces luy aye fait changer d'habits ny dépoüiller de son cilice, ny prendre de chaussure? Qui est-ce qui n'eut pas vescu en paix avec ses Freres, puis qu'il n'eut jamais contestation avec personne, si ce n'estoit à n'estre pas le dernier dans les exercices de la pieté?

Qui est-ce qui eut voulu se relâcher dans la ferveur, puis que la sienne estoit si grande, qu'il sembloit qu'il ne faisoit que d'entrer au Service de Dieu dans vne vieillesse où les autres ont accoûtumé de retrancher de leurs mortifications?

Qui est-ce qui n'eut pas esté chaste, puis qu'il avoit la pureté d'vn Seraphin, qui se remarquoit mesme sur son visage, où on voyoit comme l'éclat de ces fleurs qui ne flestrissent jamais?

Qui est-ce qui eut esté ambitieux, puis qu'il avoit du mépris pour les dignitez qui sembloient estre les recompenses & les marques de l'honneur? De sorte que sa vie non seulement a esté vne instruction publique pour tout le monde, mais elle fut encor vn sujet de reproches à ceux qui ne l'imitoient pas en ses vertus: Il a donc confondu les impudiques par sa chasteté & par l'extreme retenuë de tous ses sens.

Il a confondu les envieux, qui ne peuvent souffrir la gloire des autres par l'estime, qu'il eut pour tous ceux qui avoient du merite.

Il a confondu les paresseux par ses travaux; & multipliant son temps par vn secret qui nous est inconnu, il fit en peu d'années ce que d'autres n'auroient pas fait dans la suite de plusieurs siecles; enfin il nous a appris en sa personne que les vertus pour opposées qu'elles paroissent, n'estoient point ennemies, parce qu'il sçeut si bien accorder vne haute science avec vne profonde humilité.

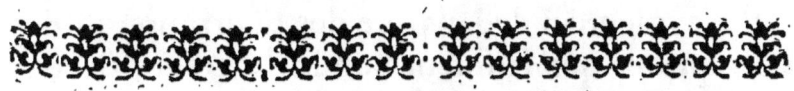

CHAPITRE III.

De son zele à maintenir l'Observance des Regles.

LE feu a tant de vertu qu'il n'y a rien de beau & de rare dans l'art & dans la nature qui ne soit son ouvrage: L'or est l'effet du Soleil, qui employe des siecles tous entiers & toutes ses activitez pour le produire; mais sa derniere perfection dépend du feu & c'est sa flamme qui luy donne ce brillant qui fait l'ornement des Throsnes & des Autels: Ce qu'est le feu dans la nature, le zele l'est pour la bonne conduite des ames; car combien y en a-il qui sont extremement lentes dans leur devoir, qu'il faut exciter fortement, tantost par les remontrances, tantost par les chastimens, afin de les tirer de cette honteuse paresse où elles croupissent: Il y en a d'autres qui sont si attachées à leurs imperfections qu'elles n'ont point de courage pour s'en défaire, qui est-ce qui ostera ces malheureuses du triste estat où elles sont ? Ce sera le zele d'vn Directeur, d'vn Predicateur, ou d'vn Superieur.

Le zele à proprement parler est vne ardeur genereuse & vne saillie éclatante, qui donne du mouvement aux plus Stes actions, qui reprend le vice en quelque sujet qu'il soit, comme celuy de saint Iean Baptiste qui reprochoit à Herode sur son Thrône ses incestes : Celuy de Iesus-Christ qui appelle les Scribes & les Pharisiens des sepulches reblanchis, qui n'avoient au dedans que des pourritures & des corruptions qui faisoient bondir le cœur, découvrant par là leur hypocrisie ; car ils avoient des ames toutes soüillées de crimes, qui estoient couverts par de belles apparences exterieures.

Or le veritable zele doit estre accompagné de quatre conditions ; la premiere est la Iustice, c'est à dire, que la chose pour laquelle il s'interesse soit raisonnable.

La seconde, c'est la Force, c'est à dire, qu'il faut avoir du courage pour parler hardiment fût-ce mesme à ces Testes Couronnées, comme nous remarquons dans la personne de S. Ambroise, quand il defendit l'entrée de l'Eglise à l'Empereur Theodose, apres le massacre fait de tant d'hommes dans la Ville de Thessalonique.

La troisiéme, c'est la Prudence & la Science, pour bien connoistre les personnes avec qui on traitte, & pour les gouverner differemment selon les diverses rencontres des temps : car comme les medecines trop fortes causent des infirmitez dans les corps où elles n'en trouvent pas assez à guerir, aussi l'excessive severité altere souvent ce qu'il y a de genereux dans les courages, & les irrite à la defense de leur liberté, par des resolutions extremes, qui sont les sources funestes de mille effroyables malheurs.

La derniere, c'est la Charité, c'est à dire, que dans cette maniere d'agir on ne recherche que la gloire de Dieu, & le bien du prochain.

Le zele du Bien-heureux Pere GABRIEL MARIA estoit de cette nature, car estant Superieur lors qu'il trouvoit quelque Religieux qui n'estoit pas dans l'Observance de ses Regles, il employoit selon le conseil de l'Apostre tout ce qui se peut d'industrie, de prieres & d'exhortations, avec vne patience & vne bonté qui ne pouvoit estre accusée que d'excez, pour le ramener à son devoir; mais si apres cela il voyoit vn esprit opiniâtre à ne point quitter ses dereglemens, & que de plus il remarquât que ses deportemens fissent naître des relâchemens contraires à la regularité, c'est lors que son zele irrité paroissoit armé pour venger les interests de Iesus-Christ & de son Ordre: Quoy, disoit-il, je serois étably dans vn office pour maintenir l'integrité d'vne Regle qui est sainte, importante au salut des ames, à l'édification du prochain, au service de l'Eglise; j'aurois, di-je, ce precieux dépost entre les mains, comme parle l'Apostre; ne dois-je donc pas employer & consommer toutes mes forces pour le conserver, & si j'en vsois autrement j'en serois responsable, & ma negligence passeroit pour vne mauvaise foy digne d'vne peine irremissible.

Il sçavoit que le Superieur est comme vn Medecin, qui declare la guerre au mal pour la santé de la personne, & comme Dieu qui apres tous les attraits de ses graces ne laisse pas de chastier la negligence de ses éleus, & d'exercer leur vertu par quelques tribulations. Il suit l'advis du Fils de Dieu, qui nous enseigne dans la parabole du festin, que plusieurs veulent estre contraints d'y entrer; il sçavoit encor que les Loix tiennent, que celuy-là est cause d'vne chasteté prostituée, qui permet le mal quand il peut l'empescher? Que le Chirurgien qui abandonne la playe mortelle qu'il devoit traitter, est tenu pour homicide, aussi celuy-là, dit S. Bernard, commet le crime qui ne le punit pas s'il en a l'obligation avec l'authorité: Il ne peut pas dire comme Caïn, suis-je gardien de mon Frere, puis qu'on luy en a donné la charge, & que la perte de tant d'ames sera sa condamnation; Et c'est pour cette raison, que Dieu par vn Prophete, menace ces Pasteurs, qui sans apporter les soins necessaires à la garde de leurs Troupeaux, en tirent tout le profit, & qui ne cherchent point les Brebis perdues, qui au lieu de soulager les malades, de traitter leurs blessures, de remettre leurs membres rompus, n'ont point d'autre soin que de prendre les laines & les chairs, & qui en font plus de dégast que les loups dont ils devroient defendre.

Le Bien-heureux Pere GABRIEL MARIA, estoit de ces bons & vigilants Pasteurs qui employent tous leurs soins & toutes leurs forces pour le bien de leurs oüailles, avec quelle ferveur arestoit-il les relâches qui estoient sur le point de se glisser! Combien de fois a-il empesché par son courage l'establissement de la corruption qui ruine les plus saintes Pratiques de l'antiquité. C'estoit vn Lyon, lors qu'il s'agissoit de maintenir l'Observance dans son Ordre contre les Transgresseurs de ses Loix. Si les Estats n'avoient que des Diadêmes pour recompenser les merites des gens de bien, qu'ils n'eussent point de supplices pour punir les méchans, on verroit bien-tost les insolences, les perfidies, les cruautez, les concussions, les brigandages, & toutes les abominations tenir les resnes de l'Empire, & la Vertu gemissante sous les pieds du vice & de l'impieté; Si les Superieurs des Ordres Religieux n'avoient du zele pour chastier les fautes qui sont contre les Statuts de leur Profession, on verroit bien tost la dissolution dans les inferieurs, le dereglement dans les mœurs, & le scandale dans toutes leurs actions. Je sçay bien que les Trônes n'ont point de soustien plus solide que lors qu'ils sont appuyez sur l'affection des Peuples: Mais cela n'empesche pas qu'on ne mette des Gardes au tour, comme autant de Colomnes pour les rendre plus fermes. Il est vray que la maniere de traitter les inferieurs avec douceur, pour les ranger à leur devoir est la plus raisonnable; mais si elle ne suffit pas pour les y reduire, & qu'ils en fassent le fondement de leurs insolences; Il faut que celuy qui a l'authorité sur eux, employe la severité jusques à ce que le desordre cesse.

Le Bien-heureux Pere GABRIEL MARIA

avoit vne douceur qui charmoit tous les cœurs, & la nature luy avoit donné de grandes dispositions pour cela, de sorte qu'il eût mieux aymé faire les Penitences que de les imposer ; Mais ne vous imaginez pas pour cela qu'il y eût de la lâcheté en sa conduitte : car s'il mesloit ses larmes avec celles de ceux qui estoient repentans de leurs fautes, & que par cette façon d'agir, il en ait retiré beaucoup du vice où ils s'estoient plongez : Il estoit neantmoins, tres-rigoureux lors qu'il failloit punir les pechez de malice ou de scandale ; Il imitoit Moyse, qui estoit le plus debonnaire de tous les hommes, & que neantmoins, quand l'occasion le meritoit, laissoit dans les Campagnes des marques sanglantes de son juste courroux, vous n'avez peut estre jamais consideré le zele de ce grand Homme, aprés que le Peuple d'Israël, dont il avoit la conduite, eût adoré le Veau d'or, il fut tellement transporté de colere contre les impies, qu'il ne voulut jamais leur donner les Tables de la Loy qu'il avoit receuë pour eux, il mit cette Statuë en poussiere, qu'il jetta dans les eaux d'vn Torrent ; & parce qu'il avoit la puissance souveraine de mort & de vie: Il commanda à la Tribu de Levi qui ne s'estoit point souïllée de cette infame Idolatrie, d'exterminer tous ceux qui en estoient coupables, ce qu'elle fit si exactement, que le nombre des morts estoit de plus de vingt-trois mil: Voilà vn étrange massacre executé par les ordres d'vne personne, avec qui il semble que la compassion fut née, & qui me represente parfaitement bien la maniere d'agir du Bien-heureux feux Pere GABRIEL MARIA dans le gouvernement de son Ordre. Il estoit du temperamment le plus doux du monde, il n'avoit que des tendresses pour ses Inferieurs; leur peines estoient les siennes, mais lors qu'il les voyoit opiniâtres dans la trangression de leurs vœux, il changeoit son humeur & les punissoit avec tant de rigueur qu'il en faisoit vn exemple. Voit-il la moindre apparence de relâche dans sa Regle, il rugist en Lyon; il tonne en foudre, vne sainte indignation enflamme son zele; son zele donne des forces extraordinaires à son eloquence: de sorte qu'il étouffe tous les desordres dans leur naissance, & sa conduite meslée de severité & de douceur, a fait fleurir l'Ordre de S. François, avec tant d'éclat, que le nombre de ses Saints se pouvoit presque supputer par celuy de ses Religieux.

CHAPITRE IV.

De ses Voyages à Rome.

IL n'y a rien de plus agissant que l'esprit de Dieu: Il voit au commencement de la creation du monde que toutes choses estoient confuses; Il considere cet effroyable chaos temply de tenebres, & dans vn moment il en tire le feu, l'air, l'eau & la terre, & mit chaque chose dans sa situation qui luy estoit propre; C'est pourquoy l'Ecriture sainte le compare quelquesfois à vn vent impetueux qui

S

pousse plus de mille voiles à la fois, & d'autres fois à des fleuves rapides qui ne s'arrestent jamais depuis leur source jusques à leur centre. Vn homme qui est animé de l'esprit de Dieu participe à cette grande activité, & David en parle comme d'vn Geant, qui vient d'en haut avec vn mouvement tres-precipité pour nous apprendre la vistesse de ses pas.

Admirez ce que je vous dis dans la personne du Bien-heureux Pere GABRIEL MARIA, qui compte les quatre cens lieuës pour vne promenade de divertissement, quoy que les chemins soient remplis de mille difficultez, & d'autant de hazards de perdre la vie : Il ne fait pas plus de dispositions pour aller des extremitez de la France à Rome, qu'il feroit pour aller du Iardin à l'Eglise, & par tout où il y va de la gloire de Dieu, il y vole comme s'il estoit vn Aigle : Or nous sçavons par son histoire qu'il a esté sept fois à Rome, & toûjours pour les interests de Dieu & pour le bien de la Religion ; le premier fut pour obtenir du Pape Alexandre VI. la confirmation de la Regle de la Vierge Marie, qu'il avoit composée luy-mesme, des dix principales Vertus qu'elle avoit pratiquées en ce monde, & qui sont extraites des Euangelistes, & qui sont, la Chasteté, la Prudence, l'Humilité, la Foy, l'Oraison, l'Obeïssance, la Pauvreté, la Patience, la Charité, la Compassion. Le Pape luy accorda apres beaucoup de resistance la confirmation de cette sainte Regle, & des Indulgences à ceux qui reciteroient dix *Ave Maria* pour honorer les dix Vertus, & ses Successeurs Iules II. & Leon X. les ont augmentées jusques là qu'ils ont donné mil années d'Indulgence à ceux qui recite-roient ce petit dixain, & autant à le porter comme vne marque de nostre Religion. Or ce fut en ce voyage qu'il eut tant de peines, parce que le sacré College des Cardinaux ne vouloit point consentir à l'établissement d'vn nouvel Ordre, & le Demon qui prevoyoit les vtilitez qui en reviendroient à l'Eglise de Dieu, le precipita en des abysmes de neige pour le perdre, ce qui arriva l'an 1501.

Le second voyage fut pour obtenir du mesme Pape des Indulgences pour le saint Sepulchre & pour quelques exercices de pieté que la Bien-heureuse Ieanne pratiquoit avec ses filles ; Et pour mieux comprendre ce que je dis, remarquez que cette sainte Princesse avoit vne devotion particuliere pour la Passion du Fils de Dieu, jusques là mesme qu'elle s'imprimoit de ses marques, & pouvoit aussi bien dire que saint Paul, *Ie porte sur mon corps les stigmates d'vn Dieu crucifié*; En effet elle avoit vn rude cilice qui couvroit sa chair déja déchirée par vne chaîne de fer, & ouverte par cinq cloux extremement pointus, abbatuë par des jeûnes si austeres, que c'est vn grand miracle de ce qu'elle ne mourut pas parmy tant & de si rudes instrumens de mortification : mais comme le Vendredy est vn iour particulierement destiné pour honorer les douleurs du Sauveur, c'est pourquoy ce iour là elle se retiroit dans vn coin de son iardin, où il y avoit vn Autel, vne Croix dessus, & appelloit ce lieu là le saint Sepulchre; c'est là où elle se frappoit l'estomach à grands coups de caillou, & où elle versoit des larmes en abondance

S 2

pour se conformer aux peines du Fils de Dieu ; c'est là où avant la closture de son Monastere elle menoit presque toutes les personnes de son sexe qui la visitoient, & les obligeoit de dire cinq *Pater* & autant d'*Ave Maria*, en l'honneur des cinq Playes de Nostre Seigneur.

Pour ce qui regarde les trois devotions de Nostre-Dame, dont la premiere estoit d'entendre la sainte Parole de son Fils, la seconde, à sa Passion, & la troisiéme, au Mystere de la sacrée Eucharistie : Cette vertueuse Reyne tâchoit de se conformer autant qu'elle pouvoit à sa chere Maistresse, & le Bien-heureux Pere GABRIEL MARIA qui n'avoit pas moins de zele qu'elle pour vn si pieux dessein, composoit de petites Congregations de personnes devotes & les obligeoit à quelques prieres.

Pour ce qui est de la Parole de Dieu, il vouloit que tous les iours des Festes ou des Dimanches on entendit la Predication, s'il s'en faisoit quelqu'vne, & qu'on dît vn *Pater* & *Ave* pour le Predicateur & pour les Auditeurs, & s'il n'y en avoit point ou qu'on n'y pût assister, qu'on leût quelque chose de l'Euangile du iour pour en faire le sujet de son Oraison Mentale.

Pour le second il vouloit que la Passion de Nostre Seigneur fut le plus ordinaire sujet des meditations, & qu'il n'y eût point de iour où on ne souffrît quelque mortification, & que jamais on ne se vangeât des insultes ou des injures qu'on avoit reçeuë, & qu'on dît en passant devant la Croix : Bon Iesus, par la douleur que vous avez endurée dans la Croix,

& par celle que voſtre Mere a reçeuë en vous y voyant attaché, par vos playes & par ſes larmes, pardonnez-moy mes pechez & les ſupplices que je merite.

Pour ce qui regarde le troiſiéme chef, il avoit ordonné qu'on ne parleroit jamais dans l'Egliſe qu'avec Dieu ou de Dieu, & ſur tout quand on diroit la ſainte Meſſe, & que de plus tout ce qui touchoit le ſaint Sacrement fut tres-net, & que le iour du Sacre on aſſiſtât à la Proceſſion avec beaucoup de devotion, & quand on paſſeroit devant vne Egliſe, il faudroit dire : Bon Ieſus, je vous ſupplie par l'amour par lequel vous eſtes toûjours avec nous, de nous faire cet honneur que nous ſoyons toûjours bien venus avec vous en ce monde par la grace, & dans l'autre par la gloire. Voilà les trois devotions de la ſainte Vierge & de la Bien-heureuſe Ieanne ; c'eſt pourquoy afin de les authoriſer dauantage, elle pria ce ſaint Religieux d'aller à Rome, afin d'obtenir des Indulgences, qui confirmeroient tous ces exercices de pieté.

Le Pape Alexandre VI. luy accorda mil iours de Pardon pour ceux qui diroient vn *Ave Maria* pour le bon ſuccez de la Predication qu'ils vont entendre, & autant pour ceux qui en memoire des douleurs de Ieſus-Chriſt, reciteront la meſme priere pour celuy ou ceux qui leur auront fait quelque injure : De plus il luy octroya dix mil ans de pardon, pour ceux qui en memoire des cinq Playes mortelles de Ieſus-Chriſt diront cinq *Pater* & autant d'*Ave Maria*.

Item, quinze mil jours de Pardon pour ceux qui diront vn *Pater* pour le Pape, & pour la paix de l'Eglise, & puis quinze *Aue Maria* en memoire des quinze plus considerables fruits que nous recevons du Saint Sacrement.

Le troisiéme Voyage fut peu de temps aprés la mort de la Bien-heureuse Ieanne de France: car comme il se vit chargé de toute la conduite de l'Ordre de la Sainte Vierge, qu'il partageoit avec cette Illustre Princesse durant sa vie; Il crut estre obligé d'aller à Rome, pour obtenir vne nouvelle confirmation du Pape Iules II. de la Regle de cette nouvelle Religion. Il la luy accorda, & luy ratifia toutes les Indulgences qu'il avoit euës de son predecesseur : Et de plus, il luy donna la qualité de Visiteur General, de Correcteur & Protecteur de cet Ordre, & estant de retour en France, il y fit la visite, & il y établit des Loix qu'il crut vtiles à ses progrez, & à la Gloire de Dieu.

Le quatriéme Voyage fut peu de temps aprés qu'il eut esté éleu Vicaire deça les Monts, au Chapitre general tenu à Rabastens l'an 1511. pour les affaires de l'Ordre de S. François, & particulierement de sa Famille, le mesme Iules II. estant encore Pape.

Le cinquiéme Voyage fut l'an 1517. ou le Bien-heureux Pere GABRIEL MARIA estoit alors dans vne si haute reputation de Doctrine & de Sainteté, qu'il s'estoit acquise par ses belles actions, que le Pape Leon X. luy donna les dernieres marques de son estime & de son amitié, ainsi que nous verrons dans le Chapitre suivant; Ce grand Pontife luy baisoit ordinairement la Couronne, lors qu'il alloit le saluer. Il luy confirma les deux Regles qu'il avoit composées pour deux nouvelles Religions, dont il estoit l'Instituteur. La premiere estoit pour les Religieuses de l'Annonciade, & la seconde estoit pour celles du Tiers Ordre de S. François, sous le Titre de sainte Elizabeth, & qui reconnoist le Monastere de Chasteau-Gontier pour son Chef.

Il luy offrit des Crosses & des Mytres, & il les refusa. Il obtint de luy toutes les Indulgences qu'il voulut, entr'autre, mil jours de Pardon pour ceux qui diroient vn *Ave Maria*, en reconnoissance des bons offices que nous recevons de nostre Ange Gardien.

Item, mil jours de Pardon, tant pour ceux qui entendant sonner Matines, Vespres & Complies, reciteront vne fois la Salutation Angelique, pour ceux qui les doivent chanter.

Il luy accorda encor mil jours de Pardon, pour ceux qui diront vn *Ave Maria* pour le Prestre qui celebre la Messe, afin qu'il s'acquitte de cette haute action, avec toute la Pureté, la Devotion, l'Affection & l'Humilité convenable à ce grand Mystere.

Le sixiéme Voyage, fut du temps du Pape Adrien VI. qui fut élû au Souverain Pontificat, l'an 1522. & qui succeda à Leon X. Le Bien-heureux Pere GABRIEL MARIA qui avoit vne ame remplie de Charité pour son prochain, disoit toûjours vn *Aue Maria* pour la Paix vniverselle de toute l'Eglise, lors qu'il entendoit sonner l'horloge, & parce qu'il estoit extremement doux, & qu'il ne desiroit rien tant que de voir les cœurs de tous les Chrestiens vnis ensemble, afin d'en faire vne victime à nostre Seigneur : C'est pourquoy il avoit institué vn Ordre de Paix, auquel tous ceux qui y estoient reçeus, faisoient Profession particuliere de conserver avec le prochain la paix du cœur, de la bouche & de la main.

La Paix du cœur consiste à n'avoir point l'ame infectée de haine pour qui que ce soit, & à ne point desirer de vengeance & encore moins de la recherche pour quelques injures qu'on ait reçeuës.

Celle de la bouche, consiste à ne médire jamais de personne, ny directement, ny indirectement, ny avec équivoque, ny de quelque maniere que ce soit.

Celle de la main, consiste à faire du bien à nos ennemis ; Et l'jdée de cette Sainte Association, est tirée de la Vie & de la Passion du Fils de Dieu, qui a prié pour ses persecuteurs, qui a répandu son Sang pour ceux qui l'ont Crucifié, & qui n'a jamais offencé personne par la langue ny autrement ; Et dautant qu'il est fort difficile que cette paix avec le prochain, ne soit quelque-fois blessée en tant d'occasions ausquelles nous sommes tous les jours exposez, le souverain Pontife declara que lors que quelqu'vn se seroit laissé vaincre par quelque mouvement d'impatience ou de detraction, il ne perdroit pas neantmoins la grace de la pleniere remission

sion de ses pechez, pourveu qu'avant que de se coucher, il dît de cœur ou de bouche; *Seigneur Iesus N. Sauveur, je me confesse à vous de ce que je vous ay offensé contre mon Ordre de Paix, dont je vous demande humblement pardon, & vous promets que moyennant vostre grace, je feray mieux desormais pour l'avenir, & me garderay autant que ie pourray de vous offenser.* Le mesme Pape luy accorda encore mil jours de pardon pour tous ceux ou celles qui de jour ou de nuit, entendant le son de la Cloche, diront vn *Ave Maria* pour la Paix entre les Chrestiens.

Pour ce qui regarde le septiéme Voyage, je ne trouve point en quel temps il l'a fait, & je conjecture seulement que ce fut l'an 1529. quand il alla en Italie au Chapitre general tenu à Palme, où il fut encore continué par élection Definiteur general de l'Ordre.

Or je vous prie, mon cher Lecteur, de faire vne serieuse reflexion sur tant de voyages qu'il a faits à Rome & sur tant de graces spirituelles qu'il en a apportées pour le bien des fideles: quel doit avoir esté son zele; y a-il jamais eu aucun Marchand plus avide des biens de fortune, & qui se soit exposé à tant de peines pour les acquerir, comme luy pour gaigner des ames à Dieu? Et ne faut-il pas que l'ambition des coquerants pour la gloire cede aux excez de sa charité! Qui a jamais oüy dire qu'vn homme d'vne foible constitution, déchaux, à pied sans argent aye fait tant de courses que luy pour satisfaire aux mouvemens, que luy ont inspiré l'amour de Dieu & du prochain?

T

Les chaleurs infuportables de l'Efté ne le rebutent pas dauantage que les plus cuifantes froidures de l'Hyver, quand il s'agit de travailler pour la gloire de Dieu, & pour le bien du Chriftianifme. Voyez comme il court de Province en Province, de Royaume en Royaume, les fleuves & les montagnes qui arreftent les Generaux d'Armées, ne peuvent donner de bornes à fa charité, & il n'eft point en repos s'il ne fe confomme de peines & de fatigues pour établir ou pour foûtenir le culte de Dieu. Or n'eft-il pas vray, mon cher Lecteur, que fi les plus exactes Chroniques de l'Ordre de S. François ne confirmoient ce que je dis, vous croiriez que nous fommes au temps des fables, & que pour encherir fur ce que les Poëtes ont dit des travaux d'Hercule ou des voyages d'Vlyffe, je veux joindre ces deux Heros dans la perfonne du Bien-heureux Pere GABRIEL MARIA. En effet comment fe pourroit-on perfuader qu'vn pauvre Religieux à pied, jambes nuës, tres-delicat en fa complexion, aye fait plus de deux mil deux cens lieües, pour aller feulement à Rome fans parler de fes voyages dans les Efpagnes, dans les Païs-bas, dans toutes les parties de la France, & qu'il aye terminé avec tant de fuccez, vne fi prodigieufe foule d'affaires, dans lefquelles il eftoit engagé par fon Office, & qui demandoient vne force d'efprit, égale à celle d'vn Ange. Confeffons que c'eft la main de Dieu qui a agy fi puiffamment par fon tres-humble Serviteur, & qui luy en refere auffi toute la gloire.

CHAPITRE. V.

De l'imposition du nom de Gabriel Maria, qui luy fut donné par Leon X.

DIeu dont la Providence infinie penetre tous les siecles, se sert des noms qu'on impose aux creatures, pour nous faire voir comme dessus vne table d'attente les qualitez de ces personnes choisies pour de grandes choses: Ainsi lors qu'Abraham, Isaac & Iacob, Iosué, Samson, & ces Illustres Patriarches, qui ont esté les plus vives Images sur qui Dieu prit plaisir de travailler avec plus de soin, furent venus au monde, il fit qu'on leur imposa des noms qui estoient conformes aux emplois ausquels il les destinoit: Ayant resolu de donner à son Peuple vn Roy qui eût assez de zele pour destruire tous les restes honteux de tant de sacrileges qui avoient profané son Temple & ses Autels, prit pour cét effet vn des enfans d'Amon, lequel fut appellé Iosias, c'est à dire selon le Texte Hebreu, le fils de Dieu, & vn present du Ciel donné à la Iudée pour la purger de tous ces monstres qui l'infectoient. Il fut aussi luy-mesme vne Hostie vivante & animée, qui fut offerte à son Seigneur, & immaculée apres plusieurs combats dans cet illustre Sacrifice où l'on donne sa vie pour la gloire de son païs à la veuë de tous les peuples, & sur ce throne honorable où tous les astres avec leur éclat seroient heureux de faire des guirlandes dessus la teste de ces illustres Heros. Ainsi ayant marqué S. Pierre pour estre le Chef de l'Eglise militante, il luy changea son nom de Cephas en celuy de Pierre, pour apprendre à tous les siecles que c'estoit sur luy qu'il la vouloit bastir comme sur vn ferme appuy, en telle sorte qu'elle resisteroit à toutes les persecutions qui s'efforceroient de l'étouffer en sa naissance, & qu'elle seroit inébranlable aux insultes & à la rage des Enfers.

Nous remarquons vn miracle particulier de la providence de Dieu dans la personne du Bien-heureux Pere GABRIEL MARIA; car il inspira son Vicaire en terre Leon X. de luy changer son nom de Gilbert Nicolas, qui estoit celuy de sa naissance en celuy de Gabriel Maria, à cause de l'admirable devotion qu'il avoit pour la sainte Vierge & de l'Archange S. Gabriel; il luy fit cet honneur en presence de quelques Cardinaux, & voulut absolument qu'on ne l'appellât point autrement. On garde au Monastere de l'Annonciade de Bourges l'attestation de ce changement écrite de la propre main, & scellée du Seau du Cardinal Christofle de Forty, avec la Lettre du Reverend Pere François Lichetus, General de l'Ordre de saint François, & qui estoit vn des plus sçavans hommes de son siecle, par laquelle suivant le commandement qu'il en avoit reçeu de sa Sainteté, il enjoint à tous les Religieux qui luy estoient sujets de ne l'appeller que de ce nom, & le Pere Mirchæus dit que cette Bulle se conserve en quelque Monastere de l'Ordre de la Vierge Marie.

Or qui a-il de plus avantageux à ce saint Religieux que d'avoir esté honoré d'vne si haute faveur, & qu'vn des plus grands Papes qui aye jamais porté la Thiare de Rome, luy aye donné vn nom si precieux? Ie ne croy pas que sa gloire puisse monter plus haut: Les Princes qui portoient le tiltre d'Empereurs Romains, commandoient sous ce nom à vne infinité de nations qui leurs estoient sujettes; S'il s'en trouve qui se soient appellez Germaniques, Persiques, Sarmatiques, ces termes faisoient sçavoir quelles Provinces ils avoient adjoûtées à l'Empire, ou remises dans l'obeyssance, comme nous remarquons d'vn des Scipions, qui retint le nom d'Affriquain pour avoir dompté ces Nations farouches qui sont dans l'Affrique; Et ces noms qu'ils tiroient de leurs Conquestes, leurs estoient plus chers que ceux qu'ils recevoient des Familles dont ils estoient originaires, parce qu'ils les consideroient comme des preuves de leur valeur, ou comme la recompense de leurs courages. Pouvoit-il rien arriver de plus Illustre à ce S. Religieux, que de recevoir de la bouche du Souverain Pontif le Nom de GABRIEL MARIA, comme vne marque de son éminente Pieté envers la Vierge, & cet Ange qui luy annonça le Mystere de l'Incarnation, qui a esté la source de toutes ses Grandeurs.

CHAPITRE VI.

Comme il fut Directeur de la Bien-heureuse Ieanne de France, & des bons Offices qu'il luy rendit.

LA Bien-heureuse Ieanne, Reyne de France, de qui nous avons décrit la Vie, ayant appris par revelation de nostre Seigneur, qu'il vouloit qu'elle choisist vn Religieux de l'Ordre de S. François pour son Confesseur, elle prit le Pere Iean de la Fontaine, Gardien du Convent des Freres Mineurs d'Amboise, qui estoit dans vne haute reputation de Sainteté & de Doctrine, & celuy cy prit pour son Compagnon le Pere GABRIEL MARIA, qui luy succeda en cet employ aprés sa mort: Cet excellent Directeur s'appliqua avec vn soin inconcevable à la perfection de cette Princesse: Et parce qu'elle n'avoit point de plus fortes inclinations que celles qui la portoient dans les les pratiques de la Devotion, c'est pourquoy toutes les Instructions qu'il luy donnoit, faisoient d'admirables impressions dans son ame.

Il n'y a rien de si miraculeux qu'vn cœur qui est d'intelligence avec la Grace & qui suit son atrait; Mais si de plus il est assisté d'vn excellent Guide, qui luy fait ménager vtilement toutes ces faveurs du Ciel, c'est vn bon-heur inexplicable, & qui met vne personne en peu d'années dans l'état d'vne Sainteté achevée; Et c'est le bon office que sainte Ieanne a reçeu du Bien-heureux Pere GABRIEL MARIA : Et par ce que la Charité fait toute la perfection du Christianisme, voyez comme elle procure la liberté à son Mary qui estoit devenu son Persecuteur: Elle ayme celuy qui la méprise : Elle donne tout ce qu elle à aux Pauvres : Et parce qu'elle sçait qu'il est fort difficile de servir Dieu dans la Cour des Roys & parmy les honneurs du Monde, elle se soucie aussi peu d'vn Sceptre que d'vn festu, & entend l'Arrest de sa repudiation avec autant de froideur, qu'elle auroit fait vne harangue composée à sa gloire.

Apres cette separation d'avec le Roy son mary, elle se retira à Bourges, qui luy avoit esté marquée pour sa demeure. Ce bon Religieux qui n'estoit pas de l'humeur des hommes de ce temps, qui abandonnent leurs meilleurs amys, quand ils sont dans l'adversité, creut qu'il estoit obligé de la suivre par tout, & luy redoubler ses soins; Et c'est ce dont il s'acquitta avec tant de tendresse & d'assiduité que son Ange Gardien ne faisoit pas mieux. Ce fut en cette Ville qu'ils jetterent tous deux ensemble les fondemens d'vn Ordre de Religieuses consacré à la gloire de la Ste Vierge Mere de Dieu. Il alla à Tours d'où il fit venir à Bourges douze Filles tres-devotes & qui embrasserent courageusement ce pieux Institut : Il composa la Regle qu'elles devoient garder, & alla à Rome pour la faire confirmer de sa

Sainteté. Mais ne vous imaginez pas qu'vn si bon dessein fut sans peine, il eut son humiliation aussi bien que sa gloire, & il falloit qu'il eût vn grand courage pour surmonter tous les obstacles qui le traversoient : car à peine en eut il fait l'exposé au souverain Pontife, qu'il eut tout le sacré College des Cardinaux contre luy.

Oseriez-vous bien vous persuader que tant de difficultez le dûssent abbattre, ou que s'en prenant à Dieu qui luy avoit inspiré ce voyage, il se fût emporté dans le murmure contre sa conduite ; si vous aviez cette pensée vous luy feriez vne injure irreparable : toutes ses fortes oppositions affermirent son cœur & luy firent attendre vn heureux succez de son entreprise, & de fait le Cardinal Iean Baptiste Ferrier Evesque de Modenes, Dataire d'Alexandre VI. persuada par de si puissantes raisons à sa Sainteté & à toute cette auguste Assemblée de Cardinaux, que c'estoit vn ouvrage de Dieu qu'ils donnerent leurs suffrages pour en faire l'établissement dans l'Eglise de Dieu. Le Bref en fut expedié le 14. Fevrier 1501. Mais comme il n'y a point de joye si pure qui ne soit meslée d'affliction, aussi le Bien-heureux Pere eut de nouveaux motifs d'inquietude parmy tant de sujets de consolation : car le Demon jaloux de la gloire de Dieu qui luy estoit plus cher que sa vie, luy tendit cent mil pieges dans le chemin à son retour de Rome, apres luy avoir fait voir l'image de la mort en cent façons differentes, qui le menaçoit pour luy faire peur, il le precipita en des abysmes de neige, & estant arrivé au faix

d'vne

d'vne montagne qui en estoit toute couverte, & ne sçachant où aller parce qu'il avoit effacé toutes les traces des passans, il le fit rouler du haut en bas, & dautant qu'il eut recours à la sainte Vierge durant cette cheute effroyable, il sentit aussi-tost les effets de sa protection, parce qu'il n'y reçeut aucune blessure, & comme vn brave Cavalier qui reprend de nouvelles forces apres avoir esté abbatu, il se releve avec plus de vigueur & remonte sur cette eminence, d'où il remarqua l'obligation qu'il avoit à Nostre Dame & à cette sainte Regle qu'il portoit, qui luy fut en ce rencontre vn fort bouclier pour se defendre des coups & des insultes de son ennemy, & surmontant ainsi tous les hazards ausquels il estoit souvent exposé, il arriva à Bourges, où ayant fait connoistre à la Bien-heureuse Ieanne de France les redevances qu'elle avoit à S. Laurent, d'avoir sollicité toute vne nuit le Cardinal de Modenes, & qui avoit porté si haut ses interests contre le Conclave; il creut qu'on ne pouvoit donner à ce Saint vne meilleure marque de gratitude qu'en reformant l'Abbaye de S. Laurent qui est à Bourges, parce qu'elle estoit consacrée à la gloire de son nom, ce qui se fit avec tout le succez qu'on en pouvoit esperer. Aussi-tost que cette vertueuse Princesse eut reçeu cette Regle, elle partagea ses soins, elle en appliqua vne partie au bâtiment du Monastere, & l'autre à l'instruction de ses Filles; mais elle fut beaucoup soulagée en ces deux choses par le Bien-heureux Pere GABRIEL MARIA, qui voyant la maison suffisamment accommodée de Cellules &

V

de tout ce qui estoit necessaire pour vne demeure stable, & que ces Filles sçavoient toutes leurs obligations, & estoient tres-ferventes dans la pieté, il leur donna l'habit de ce sacré Ordre le 20. d'Octobre 1502. il n'y en eut que cinq qui le reçeurent pour cette fois; Ces heureux commencemens qui estoient des presages à l'avenir, luy eussent donné vne entiere joye s'il n'y eût rien eu qui l'eût troublée; & voicy ce que c'est, il y avoit vne jeune Damoiselle, appellée Françoise de Mohet, qui avoit toutes les belles qualitez de son sexe, mais qui d'ailleurs estoit fort attachée aux vanitez du monde, elle estoit Suivante de la Bien-heureuse Ieanne: Le Bien-heureux Pere GABRIEL MARIA l'exhortoit fortement à se dégager de toutes les pompes de la terre, & tous ces discours estoient invtiles; mais il demanda à Dieu sa conversion avec tant d'instances & de larmes, qu'il l'obtient, de sorte qu'elle fut entierement changée par trois ou quatre paroles qu'il luy dit, & fut depuis vne excellente Religieuse & vne des plus judicieuses Superieures qui ayent esté dans l'Ordre. Ne diriez-vous pas qu'apres tant de fatigues, ce saint Religieux devoit se tenir dans le repos pour gouster plus à loisir les fruits de ses travaux. Il ne le croit pas luy-mesme. Il fait vn second voyage à Rome pour obtenir des Indulgences de sa Sainteté en faveur de cet Ordre naissant, & particulierement de celles du saint Sepulchre & des trois devotions de Nostre-Dame, qui sont fort en vsage dans la Religion de l'Annonciade, elles luy furent accordées par Alexandre VI. & depuis confirmées par Iules II. & estant de retour de ce fâcheux voyage, il commença comme Visiteur general de cet Ordre à y établir des constitutions qui jusques à present y ont esté inviolablement gardées. Il crea des Officieres dans le Monastere de Bourges & ordonna qu'elles diroient Matines à my-nuit, & qu'elles feroient l'Office Divin selon l'vsage Romain. Peu de temps apres la Bien-heureuse Ieanne de France fit entre ses mains profession publique de garder cette Regle, qui comprend les vœux de Pauvreté, Obeïssance, Chasteté, & de Closture perpetuelle; & vne obligation particuliere d'imiter les Vertus de Nostre-Dame: Et parce que ce saint Religieux luy avoit vne devotion tres-particuliere, ainsi que nous avons remarqué en ce livre; il fit pareillement vœu d'observer cette mesme Regle, à la reserve de la closture perpetuelle, & le tout sans prejudice de celle de S. François, & dés lors il porta toûjours vn Scapulaire rouge sous son habit, pour marque de son association à cet Ordre, dont il a esté le premier Pere spirituel.

Six mois apres il receut aux vœux de la Profession solemnelle les cinq Novices, & le Monastere estant achevé de bâtir, il donna l'habit à toutes les autres Postulantes, & puis elles furent renfermées sous vne étroite Closture.

Le Bien-heureux Pere GABRIEL MARIA continua tous ces bons offices envers cette sainte Princesse, qui apres avoir donné l'accomplissement à ce grand ouvrage, pour qui elle avoit toûjours eu tant de zele, Dieu qui voûloit couronner tous ses travaux, la visita par vne fâcheuse maladie, durant laquelle il ne l'abandonna jamais, il l'assista de ses conseils, il reçeut sa confession, il luy donna l'absolution & fut toûjours aupres d'elle avec vne assiduité incomparable.

Apres sa mort il consola cette chaste troupe de Vierges qui estoient extremement affligées de la mort de leur sainte Fondatrice, il eut grand soin de ses Obseques, & fit durant plusieurs iours des Oraisons funebres en sa loüange, avec vn zele & vne eloquence si admirable, qu'il ravissoit tous ses Auditeurs. Ie ne vous propose, mon cher Lecteur, qu'vn abregé fort imparfait des services qu'il a rendus à cette vertueuse Reyne, parce que j'en ay fait vne ample description dans plusieurs Chapitres de sa vie imprimée à Bourges l'an 1666.

CHAPITRE VII.
Comme il visita l'Ordre de la Bien-heureuse Vierge Marie.

C'Est vne maxime assez commune dans la Philosophie, qu'il faut que ce qui donne l'estre à vne chose, employe ses activitez & ses soins pour le luy conserver; Ainsi nous voyons que les Eaux fournissent dequoy nourrir les Poissons qui s'engendrent dans leur sein, la Terre travaille à faire la digestion de ses qualitez & de ce qu'elle emprunte des autres Elemens, afin que les Plantes qu'elle porte, les succent avec les petites bouches de leurs racines : Les Meres des Animaux parfaits convertissent les plus delicates parties de leur substance en vne liqueur de miel qu'elles distribuent pour en nourrir leurs Petits : Et dautant que l'espece de l'homme est la plus noble, la Femme porte ses mammelles à l'endroit du cœur pour montrer qu'elle a de plus tendres affections pour ses Enfans, qu'elle leur donne par vn pur amour ce que les autres Meres ne laissent couler que comme vne superfluité dont elles soulagent leur abondance. Nous remarquons que Dieu qui est au dessus de toutes les Loix, s'assujettit à celle-là : car quand il a donné le commencement à quelque chose, il ne l'abandonne point, mais il l'assiste toûjours jusques à ce qu'elle soit parfaite ou dans le repos. Il ne crut que ce n'estoit pas assez d'avoir tiré les Enfans d'Israël de la captivité d'Egypte, il voulut encore les rendre maîtres d'vne terre où ils ne fussent point maltraitez, quoy que pourtant il ne la leur accorda pas si tost, parce que leur infidelité les avoit rendus indignes d'vne si prompte faveur. Dieu avoit trop fait de miracles pour l'établissement de l'Ordre de la sainte Vierge pour le delaisser, & comme sainte Ieanne n'avoit travaillé à ce Chef d'œuvre de Pieté que par son inspiration, il estoit de la bienseance qu'il en avançât le progrez : Les interests de son adorable Mere luy estoient trop chers pour negligliger vn ouvrage qui luy devoit estre glorieux jusques à la fin du monde & dans le Ciel. Cette nouvelle Religion fortifiée de la Benediction de Dieu s'accrut jusques à vn point, que peu de temps aprés la mort de sa Bien-heureuse Fondatrice, elle eut des Maisons en plusieurs Villes considerables, comme Alby, Rhodez, Bordeaux, Bruges, Agen, Bethune, Anvers, Louvain, Venlo en Gueldres, Maestricht, Ligny en Barrois, Doüay, Bruxelles, Tournay, Chanteloup, la Reolle prés d'Agen, Gizors, Amiens, Nivelle.

Le Bien-heureux Pere GABRIEL MARIA voyant l'étenduë de cét Ordre, il creut estre obligé de faire son Office de Visiteur general sur tous ces Monasteres, parce qu'il sçavoit bien qu'vn Superieur doit rendre vn compte tres-exact à Dieu, de la conduite des Inferieurs, & ce que S. Bernard a dit sur „ cette matiere, que feray-je, dit ce Grand Homme, „ pauvre & miserable, & à quoy me puis-je resoudre, „ si je suis negligent à conserver vn depost que Iesus- „ Christ a plus estimé que son propre Sang, si i'avois „ recueilly celuy qui coula de ses Sacrées Playes dans „ la Croix, si ie le porte dans la main dans vn vais- „ seau fragile, & dans vn chemin glissant, ie serois „ en de continuelles apprehensions de le répandre: „ Helas! nos cœurs & nos esprits sont plus fragiles „ que le verre, & comment répondre dans ce grand „ peril des consciences, qui sont des abysmes impe- „ netrables, où ie ne peux porter, ny les yeux, ny „ les mains. Ces fortes raisons obligent le Bien-heureux Pere GABRIEL MARIA, à visiter toutes les Maisons de cette Religion qui estoit commise à ses soins, afin de leur donner la forme reguliere qu'elles ont toûjours conſervées juſques à preſent: Il y laiſſa des ordres admirables, qu'il appuya de ſes bons exemples; Et parce qu'il ſçauoit toutes les intentions de celle qui en eſtoit la Fondatrice, c'eſt pourquoy il leur fiſt connoiſtre ſon Eſprit, & de quelle maniere elles doivent agir en toutes choſes, afin de ſe conformer à elle. Il eut bien de la conſolation en cette courſe, parce qu'il n'y avoit pas vne de ſes Filles, qui ne fûr tres-zelée dans ſes Obſervances, qu'elles pratiquerent toûjours avec tant d'exactitude, qu'elles n'eurent pas beſoin d'vne ſeconde viſite. Il eſt vray qu'étant déja avancé dans l'âge, & prevoyant que deſormais il ne les verroit plus, il écrivit vne Lettre à toute la Religion en forme de Teſtament, où aprés leur avoir témoigné ſa joye, d'avoir trouvé toutes choſes dans vn bon état dans leurs Monaſteres, il les convie derechef d'apporter vne obeïſſance ponctuelle à tous les Points de leur Regle, parce qu'elle vient originairement de la ſainte Vierge qui l'a inſpirée & comme donnée de ſa main à ſa Fille Madame Ieanne de France: Et puis il ajoûte, vous devez vous ſouvenir des paroles de Ieſus-Chriſt, qui dit; *Vous ſerez mes Amys, ſi vous faites ce que ie vous commande.* Marie ſa tres digne Mere ne vous en dit pas moins par ma plume: car vous ne ſçavriez luy plaire davantage que d'obeyr exactement aux Loix de voſtre ſaint Inſtitut. Or ce qui eſt de plus remarquable en cét écrit qu'il leur envoye comme à ſes Filles, à qui il voudroit bien communiquer ſon eſprit qui eſt la meilleure ſucceſſion qu'elles pouvoient recueillir de luy, ce sont les dernieres paroles : Ie veux bien vous dire deux mots ; Le premier est, que vous vous souveniez de ce que ie vous ay autresfois tant repeté, qui est que la Vierge Marie pour appaiser le couroux de son Fils Iesus contre les Chrestiens, luy avoit offert vne nouvelle Religion de Sœurs qui seroit selon son cœur, de sorte que comme Dieu avoit dit à David, *I'ay trouvé vn homme selon mon cœur*, Iesus pouvoit aussi dire, i'ay rencontré des Religieuses que ma Mere m'a données telles que ie les desire : Or mes Filles quels glorieux avantages & quelles consolations ne recevrez-vous point à l'heure de la mort, si vous estes selon le cœur de Iesus & de Marie ?

Le second est, que vous vous souveniez toûjours de celuy qui ne s'est jamais épargné au travail pour vous servir ou plûtost la sainte Vierge, sur laquelle i'ay toûjours aresté mes yeux dans toutes les traverses qui me sont arrivées, & dans tous les voyages que i'ay faits à Rome pour l'établissement & pour la confirmation de l'Ordre de ces dix Vertus : C'est à elle à qui ie vous offre avec toute vostre Religion, & ie desire que vous vous reposiez toûjours sous la faveur de sa protection : car il est asseuré que si la Dame de l'Vnivers ne bâtit la maison, c'est en vain que travaillent ceux qui l'edifient, que si elle mesme ne garde la Cité, c'est inutilement que les sentinelles y veillent. Ie suis tres-asseuré que les portes d'Enfer ne prevaudront jamais contre la Religion de la Vierge Marie, si vous-mesme vous ne vous liguez avec l'ennemy de Dieu par la transgression de vos
Regles:

Regles: mais malheur à vous si vous abbattez ce que Marie a édifié & si vous dissipez ce qu'elle a assemblé & cimenté dans la fondation d'vn si saint Ordre. Ie me recommande derechef à vos bonnes prieres, pour meriter la grace d'estre tel que cette grande Princesse du Ciel & de la Terre, souhaite que ie sois; afin que ie puisse quelque iour luy rendre avec vous des loüanges eternelles, pour vous avoir appellées à sa Religion; & ie la supplie tres-instamment de la conserver & augmenter en nombre, en merites & en toutes sortes de vertus.

CHAPITRE VIII.
De l'excellence de l'Ordre de la Bien-heureuse Vierge Marie.

QVoy que toutes les Religions des deux Sexes qui sont dans l'Eglise de Dieu soient si differentes d'habits & de statuts, elles s'accordent neantmoins en deux choses.

La premiere est que toutes reconnoissent Iesus-Christ pour leur Autheur: car nous remarquons dans l'Evangile qu'il n'eut jamais de maison en propre pour y demeurer; & qu'il ne se nourrissoit que d'aumosnes; de sorte qu'il disoit que les oyseaux du Ciel avoient des nids pour se cacher, & les Renards des terriers pour se retirer, mais que le Fils de l'homme n'avoit pas où reposer son Chef. Nous sçavons de plus qu'encore qu'il fut égal à son Pere celesté, il luy a toutefois esté obeïssant jusques à la mort de la Croix, sa chasteté a esté si entiere, que la satyre la plus picquante n'a pû trouver en aucune de ses actions de quoy former le moindre soupçon d'impureté, & ses Apostres furent plus étonnez de le voir parler seul avec la Samaritaine qu'il convertit, que de tous ses miracles, & non seulement il consacra ces trois éminentes Vertus en sa personne sacrée, mais il fit encore tout ce qu'il put par ses Sermons, afin de les persuader aux hommes. Les Apostres furent les premiers qui l'imiterent en ce genre de vie, jusques là mesme que selon le rapport de S. Augustin & de l'Ange de l'Ecole ils s'y obligerent par vn vœu particulier. Beaucoup d'autres comme les Disciples se joignirent avec eux dans ce bon œuvre, & ils y furent fortifiez le iour de la Pentecoste, lors qu'ils reçeûrent le S. Esprit en forme de Langues de feu, & les peuples qu'ils convertirent depuis les imiterent en cela, & on les voyoit apporter à leurs pieds tous leurs biens pour acheter cette Perle de l'Evangile, & cet heritage dont le fond est vn precieux Thresor, neantmoins cette premiere ferveur se refroidit dans la suite du temps, & il n'y eut que les plus zelez qui se retirerent dans les grottes & dans les deserts, afin d'estre plus libres pour les exercices de l'Oraison, qui vivoient en commun sous les trois vœux de la Pauvreté, Obeïssance & Chasteté, & cette vie qui a eu son commencement avec la naissance de l'Eglise, s'est répanduë dans tous les Royaumes de l'Vnivers,

& se pratique aujourd'huy dans les Cloistres, tellement qu'il n'y a personne qui ne voye qu'elle a le Fils de Dieu pour son Instituteur.

La seconde chose dans laquelle elles conviennent, c'est qu'elles reconnoissent encore le Verbe Incarné pour leur modele, il y a des Maistres qui donnent d'excellentes instructions à leurs Disciples pour la conduite de leurs actions, mais il faut prendre bien garde de ne les pas suivre, parce qu'ils ne confirment pas par leurs exemples, ce qu'il disent de vive voix : Il n'en est pas de mesme du Sauveur, car si vous voulez vous animer au pratique de la pauvreté, regardez-le naissant dans vne Estable, couché dans vne Créche, dans les incommoditez de la nuit & de l'hyver : Voyez-le encore soûtenir sa vie de mendicité ; vous serez extremement soigneux pour conserver la chasteté, si vous considerez comme il fait violence à toutes les loix de la nature pour naître d'vne Mere Vierge, & il se rend si admirable dans l'exercice de cette Vertu, que ses ennemis n'ont pas rencontré vn sujet de former vne médisance ; vous serez exact à l'obeïssance, si vous reflechissez comme il a passé trente ans de sa vie dans vne profonde subjection aux volontez d'vn Charpentier, & il souffre vne mort également cruelle & honteuse pour obeyr aux ordres de son Pere celeste. Ses abstinences ordinaires dans sa pauvreté & ses jeûnes dans la solitude, vous apprennent à commander à vostre bouche ; son silence dans les fausses accusations ; sa patience dans les tourmens, & les prieres qu'il fait pour ses ennemis, sont autant de leçons qu'il vous donne d'vn parfait amour que vous devez avoir pour vos perfecuteurs dans les occafions, mefme ou vous ferez accablé d'injures, tellement qu'il faut conclure que le Fils de Dieu eft auffi bien le modele de la vie Religieufe comme fon Autheur. Or quoy que tous les Ordres Religieux le reconnoiffent en ces deux qualitez, ils ont neantmoins entre eux quelques Caracteres qui les diftinguent les vns d'avec les autres. Et cela fuppofé,

Ie dis que celuy de l'Annonciade eft vn des plus Illuftres qui foit dans l'Eglife de Dieu, & en voicy deux raifons fans parler des autres, de peur d'eftre ennuyeux au Lecteur.

La premiere eft, que la vie qu'on y profeffe eft non feulement vne imitation de toutes les Vertus, dont le Fils de Dieu nous a laiffez de fi riches exemples, mais encore de celles que la fainte Vierge a pratiquee, lors qu'elle eftoit dans le monde.

Ie ne doute point que c'eft affez de reffembler à Iefus-Chrift pour eftre parfait, & l'Apôtre veut que cette conformité que nous avons avec luy, foit vne marque infaillible de noftre Predeftination, & le mefme ajoûte qu'il faut que nous ayons toûjours les yeux arreftez fur cét excellent Original propofé à tous les fiecles qui fait la confommation de noftre Foy par vne Couronne de Gloire dont il recompenfé fa foûmiffion & fes travaux. Mais aprés tout vous me confefferez que Iefus-Chrift eft vn grand Soleil qui nous éblouït par fes lumieres, & il y a des rencontres où noftre efprit ne conçoit en luy que des chofes fi fublimes, que nous ne luy

Gabriel Maria.

pouvons donner que nos admirations. Ie sçay que saint Augustin a dit que pour temperer le brillant de ses clartez, afin de s'accomoder à la foiblesse de nos yeux, il s'est couvert de nostre humanité comme d'vn nuage, sous lequel il ne laisse pas de nous donner assez de jour pour faire le discernement du bien d'avec le mal, pour éviter les precipices du siecle, & pour nous conduire au chemin du Ciel. D'où vient qu'il dit luy mesme, Ie suis la lumiere du Monde, qui voudra me suivre, il ne marchera point en tenebres : Il ne sera ny dans l'ignorance d'vne Nature abandonnée sans instruction, ny dans la vanité des connoissances, dont la Philosophie a si long temps entretenu les esprits. Oüy, Sauveur adorable, i'avoüe que vostre vie est vne parfaite instruction de toutes les Vertus ; mais souffrez aussi que ie die que comme les deux Natures qui sont en vous, n'ont point esté confuses, mais elles ont toujours esté distinctes dans leur estre & dans leurs operations, comme Dieu vous ressuscitiez les Morts ; Vous illuminiez les Aveugles ; Vous donniez le mouvement aux Paralitiques : Comme homme vous faisiez encore des actions de condescendance ; Vous fûtes aux Nopces, mesme vous y changeâte l'eau en Vin, vous fistes vostre entrée dans la Ville de Ierusalem, avec des magnificences qui surpassoient celles des Conquerans de Rome, tantost vous parliez à des femmes perduës, d'autre fois vous recherchiez la conversion des pecheurs qui estoient dans le scandale ; N'est-il pas vray que vous n'avez iamais eu dessein que nous vous imitaſſions dans les Miracles, parce qu'ils ſurpaſſe noſtre pouvoir, non plus que dans le commerce avec les méchans de peur de nous ſoüiller de leurs vices, ny que nous affectaſſions la gloire des triomphes, puis qu'aprés avoir ſatisfait à nos obligations, nous ſommes encore des ſerviteurs inutils, ny que nous aſſiſtaſſions aux Nopces de peur de pécher contre les Regles de la Temperance. Il faut donc que nous recherchions dans toute voſtre conduite, les actions qui doivent eſtre la regle de la noſtre.

Hé Seigneur! ſi ie vous conſidere encor de cette maniere, ie ſuis dans le deſeſpoir, car vous les ayez faites d'vne façon ſi admirable, que nous n'en pouvons approcher. Qui peut vous ſuivre dans vne patience ſi prodigieuſe, comme celle que vous témoignaſte dans voſtre Paſſion? Qui peut vous imiter dans ce Ieuſne ſi rigoureux que vous fiſtes dans le Deſert, & où vous fûtes quarante iours & autant de nuits ſans boire ny manger? Dans voſtre Humilité ſi profonde, où vous dîtes que vous eſtiez vn ver de terre, & l'opprobre de toute l'eſpece raiſonnable, quoy que vous ſoyez la ſplendeur de la Gloire du Pere Eternel? N'eſt-il pas vray que vous eſtes ſi élevé au deſſus de nous, qu'à moins que d'eſtre ſoûtenu par de puiſſans ſecours, nous ne pouvons approcher de vous? Qu'a-t'il fait pour noſtre conſolation, & particulierement pour celles du Sexe devot? Ce ſeroit en vain que ie ſerois deſcendu du Ciel dans la Terre, ſi voſtre vie, ô hommes, ne pouvoit pas eſtre vne copie de la mienne, car ie me ſuis expreſſement reveſtu de voſtre nature, pour estre le modele des Vertus, dont ie recherche la pratique de vous : Et afin que vostre lâcheté ne s'excuse point sur ce que les miennes sont trop brillantes, & que vous n'en pouvez supporter l'éclat, ie vous donne vn exemplaire auquel vous ferez tous vos efforts de ressembler ; C'est ma chere Mere, dans laquelle i'ay imprimé toutes mes Vertus ; Ie vous les donne en sa personne plus proportionnées à vostre capacité : Le sexe qui se dit si fragile n'aura plus de pretexte pour couvrir sa paresse, puisque l'original que ie luy propose, luy ressemble, & toute la perfection du Christianisme consiste en cette imitation.

Or il n'y a point d'Ordres de Religieuses qui professent plus particulierement d'imiter les Vertus de la sainte Vierge, que celuy de l'Annonciade, parce que sa Regle est composée des principales & des plus considerables qu'elles pratiqua lors qu'elle estoit dans le monde suivant le rapport des Evangelistes, & qui a esté approuvée du saint Siege. Et ces dix Vertus sont l'abbregé de la Vie de Iesus-Christ.

La premiere est l'Humilité, que le Fils de Dieu fit paroistre dans son Incarnation en prenant vn Corps de chair ; En sa naissance dans vne Estable & sur de la paille ; En sa vie par la fuite des honneurs; En sa mort par l'infamie des tourmens, & Nostre-Dame témoigna pareillement vne profonde humilité, en se disant la Servante du Seigneur, quoy que l'Ange l'eût asseurée qu'elle seroit la Mere de son Dieu.

La seconde fut la Chasteté, car le Sauveur du monde estoit si pur que ses ennemis qui luy objecterent faussement beaucoup de vices, n'eûrent jamais l'effronterie de le taxer d'impureté, & Nostre-Dame a toûjours esté Vierge ; & ses yeux dont les larmes avoient avancé l'ouvrage de nostre salut, n'inspiroient que de saints desirs.

La troisiéme fut la Prudence, dont le Messie donna d'admirables preuves dans toutes ses actions, dans la dispute qu'il eut avec les Docteurs de la Loy, par ses réponses aux argumens de ceux qui les vouloient surprendre, & par des raisons si fortes qu'il leur proposoit qu'ils n'y pouvoient repartir. L'Evangile remarque que la prudence de Nostre-Dame fut miraculeuse par son silence, par sa retenuë, par sa modestie, & par vne serieuse reflexion sur tous les Oracles de son Fils, & sur tous ces grands Mysteres de nostre salut qui avoient esté operez en elle.

La quatriéme fut la Foy, il est vray que si vous la prenez pour vne aveugle creance des choses qu'on ne voit point & qui ne sont point sensibles, elle n'a pû estre de cette sorte dans le Messie, parce que son ame qui dés le moment de sa creation voyoit Dieu, fut remplie de toutes sortes de sciences, particuliérement de celle qu'on appelle bien-heureuse, par laquelle elle voyoit tous les mysteres de nostre Religion dans leur source : mais si vous entendez par cette Vertu vne forte confiance en Dieu, qui doute qu'il ne l'aye eu dans vn degré heroïque? Car quand il vouloit faire quelque miracle, il s'adressoit à son Pere avec vne ferme asseurance qu'il l'exauceroit en

sa

sa priere. La Foy de Nostre Dame a esté vigoureuse, car encor que l'Archange S. Gabriel luy proposât des choses impossibles à toutes les forces de la Nature, & qu'il l'asseurât qu'elle seroit Vierge & Mere, elle luy donna cette parfaite creance, qui ne laisse aucun doute apres elle.

La cinquiéme vertu c'est l'Oraison, où le Sauveur du monde passoit les iours & les nuits, & Nostre-Dame en faisoit son continuel exercice.

La sixiéme c'est l'Obeïssance: Et qui nous a laissé de plus riches exemples de cette vertu que Iesus-Christ & sa Mere? Le premier a esté soûmis aux ordres de son Pere eternel jusques à la mort de la Croix, & la Vierge a conçeu le Verbe divin par son obeissance, & les iours de sa Purification estans accomplis, elle porta son Fils au Temple & y fit son oblation pour satisfaire au precepte de la Loy, quoy qu'elle n'y fut point obligée, elle obeyt à Cesar, allant en Bethleem, & reconnut qu'elle estoit sa Sujette.

La septiéme Vertu est la Pauvreté, dont le Fils de Dieu a fait vne particuliere profession, puis qu'encore qu'il fût le Roy de tout le monde par vne concurrence de titres qui en donnent la possession, il a neantmoins voulu vivre d'aumosnes, & sa sainte Mere a toûjours esté tres-pauvre, & ce fut pour cela qu'elle ne trouva point dans Bethleem vne Hostellerie pour y faire ses couches, & qu'elle fut contrainte de se retirer dans vne Estable delaissée.

La huitiéme Vertu est la Patience, qui a paru dans le Sauveur du monde dans vn éminent éclat, car

Y

quoy qu'on l'ayt outragé dans son honneur par la calomnie, qu'on l'ayt déchiré de coups par les foüets, qu'on luy ayt fait autant de playes qu'il avoit de parties sur son corps par les supplices, il n'a pas neantmoins ouvert la bouche pour se plaindre. Voyez aussi comme la sainte Vierge s'est renduë admirable en cette pratique; car elle a toûjours témoigné vn courage inflexible dans toutes les adversitez, & sur tout lors qu'elle fut exposée à la persecution d'Herode & contrainte de se refugier en Egypte pour sauver la vie à son Fils, quand elle le perdit durant trois iours, & qu'elle le vit mourant dans la Croix.

La neufiéme c'est la Charité, c'est elle qui a fait decendre le Fils de Dieu du Ciel dans la Terre: car il proteste qu'il est venu chercher ce qui estoit perdu, c'est à dire, qu'il s'est fait homme pour nous sauver, & qui a plus eu d'amour pour le prochain que Nostre-Dame qui s'interressoit en tous ses besoins.

Enfin la derniere c'est la Compassion: L'Ame de Iesus-Christ en estoit toute remplie; Voyez comme il dit aux Dames qui l'accompagnoient au Calvaire; Ne pleurez point les maux que ie souffre, mais versez des larmes pour les malheurs qui vous arriveront bien-tost; le glaive de douleur qui a transpercé le cœur de la divine Marie & qui l'a plus fait souffrir que tous les Martyrs, nous apprend combien elle a esté sensible aux tourmens de son Fils, & ie veux croire que s'il ne l'eût miraculeusement conservée elle fut morte avec luy. Il a esté necessaire que ie fisse cette induction pour prouver que les vertus de

Iesus estoient les mesmes que celles de sa sainte Mere, d'où ie concluds que parce qu'il n'y a point d'Ordres de Religieuses qui fassent vne profession si expresse d'imiter les Vertus de Nostre-Dame que celuy de l'Annonciade, qu'il a de grands avantages au dessus de toutes les Religions qui n'ont pas si precisement cette veuë : Et si Aristote a dit que la nature qui veut achever parfaitement toutes ses œuvres, se propose toûjours ce qui est de plus accomply en chaque espece; que ne doit-on point croire de l'excellence de cet Ordre, qui n'a pour but que l'imitation de la sainte Vierge, en qui le Ciel a recüeilly toutes les plus illustres qualitez requises à vn excellent modele de perfection. Saint Iean Damascene au livre qu'il a fait de la Foy Orthodoxe, confirme ce que ie dis, & parce que son Latin est fort court, ie luy donneray vn peu d'étenduë sans changer son sens. La seule vie de Nostre-Dame peut estre l'exemplaire de toutes les Vertus, elle a eu cette chaste pudeur qui est inseparable de la Virginité, d'où vient qu'elle se troubla lors qu'vn Ange luy parût comme vn jeune homme, elle ne fit point de réponse à son compliment, lors qu'il la salüa Pleine de grace, & finit promptement avec luy son entretien par l'asseurance qu'elle luy donna qu'elle estoit la Servante du Seigneur, elle doit porter l'Etendard de la Foy devant elle, comme celle en qui elle a esté vivante durant la Passion de son Fils, lors que les Apostres l'abandonnerent par vne honteuse lâcheté, elle a eu vne devotion si continuë qu'elle y passoit les iours & les nuits, & on peut dire que ses prieres plus que celles de tous les Patriarches de l'Ancien Testament ont obligé le Ciel à nous donner le Iuste qui est le principe de nostre sanctification. Quoy que sa condition de Vierge l'obligeât à vne grande retenuë, cela n'empéchoit pas que la charité ne luy fit prendre part dans toutes les miseres qu'elle voyoit pour les secourir, & elle en vsoit avec tant de prudence en ces rencontres que sans offencer sa modestie elle pouvoit neantmoins servir d'exemple à toutes ces Illustres Dames qui n'ont point d'autre occupation que de soulager tous les besoins qu'elles découvrent. Que ne peut-on point dire de sa temperance & des bons offices qu'elle rendoit à vn chacun ? A peine prenoit-elle ce qui estoit necessaire pour le soûtien de sa vie, & lors qu'il s'agissoit de servir le prochain elle y épuisoit toutes ses forces, & quoy qu'il luy en restât fort peu apres tant de penibles exercices, ses jeûnes estoient neantmoins si ordinaires & si exacts qu'on les pouvoit compter par les iours de sa vie, elle hayssoit si fort les delices, que lors qu'elle prenoit quelque mets pour se nourrir, il luy estoit plus nuisable que profitable, elle ne se reposoit jamais sans vne extreme necessité, & durant son sommeil lors que le corps se delassoit, son esprit agissoit ou dans la reflexion des choses passées, ou continuant son action que le dormir avoit voulu interrompre, ou dans la prevoyance de ce qui devoit arriver ou dans la disposition des choses qu'elle vouloit faire. Voilà l'original auquel les Religieuses de l'Annonciade se doivent conformer, & si elles manquent à ce devoir, de quels honteux reproches ne doit-on point charger leur lâcheté? Nous sçavons que les enfans representent leurs peres, de sorte qu'ils sont pris pour vne mesme personne, & obligez selon les Loix anciennes de suivre vne mesme condition. Ne faut-il donc pas pour cette raison que celles qui se disent les Filles de la sainte Vierge luy ressemblent en leur conduite: C'est vn grand honneur à vn Ordre d'avoir vn Fondateur qui a esté illustre en toutes ses actions, qui a remply la terre de prodiges qui attirent l'admiration des peuples; Mais si ceux qui portent son habit ont des mœurs dissemblables aux siennes, ne se rendent-ils pas indignes de sa protection & de son alliance? Toute la gloire qu'ils en tirent ne les expose qu'à la confusion, & quand ils se parent de ses merites, ils se rendent aussi ridicules que cet Empereur qui n'ayant jamais eu le courage d'aller à la guerre, voulut porter sur soy toutes les marques de la generosité de ses Predecesseurs. Concluons donc, mon cher Lecteur, que les Religieuses de l'Annonciade qui s'obligent d'imiter les Vertus de la sainte Vierge, ont vn avantage fort considerable au dessus de celles qui ne font pas cette Profession.

La seconde raison qui prouve ma proposition, se tire du culte que cet Ordre rend particulierement à la sainte Vierge. Ie sçay fort bien que commme il n'y a qu'vn Soleil au monde, qui est la source de la lumiere sensible, aussi il n'y a qu'vn seul Iesus-Christ qui est le principe de toutes les graces qui nous éclairent, qui nous sanctifient & qui nous donnent les merites & les joüissances de la gloire: Nous apprenons neantmoins du Texte sacré, que Dieu fit au commencement du monde deux Luminaires, l'vn grand, l'autre petit; le premier pour éclairer le iour, le second c'est la Lune, qui recevant de luy sa clarté moins brillante, nous la donne plus temperée durant la nuit. Les Docteurs disent que cela signifie que Iesus-Christ Homme-Dieu est l'vnique Autheur de nostre salut, & Nostre-Dame en est la puissante Mediatrice & que ce n'est qu'vne mesme grace que nous recevons par son moyen: Ce qui faisoit dire ces belles paroles à saint Bernard, Si tu veux estre asseuré que tu obtiendras de Dieu tout ce que tu luy demanderas, souviens-toy de presenter tes requestes par les mains de Marie, car tout ce qu'elle desire luy est promptement accordé: Aussi l'Eglise auoüe qu'elle est toute-puissante comme la Reyne du Ciel, & les fideles confessent qu'elle est l'Advocate des pecheurs, la Mere de Misericorde, le Refuge des affligez, le grand Appuy de nos esperances; Aussi est ce pour reconnoistre les obligations qu'on luy a, qu'on voit presque par tout des Autels erigez à sa gloire, des Solemnitez publiques & des Festes qui se celebre en son honneur durant tout le cours de l'année. Ie sçay que tous les Ordres Religieux protestent qu'elle est leur Mere, & que tous ont quelque marque particuliere de leur pieté & de ses faveurs: Tous comme ses petits enfans se jettent avec vne sainte émulation entre ses bras, s'empressent & se disputent la gloire d'en estre les plus affectionnez; mais en verité il faut qu'ils la cedent à celuy de l'Annontiade qui est plus particulierement dedié à son culte que tout autre, & pour le mieux prouver, il faut avoir recours à la source de son institution qui a esté faite par la Bien-heureuse Ieanne de France. Estant en l'âge de cinq ans & assistant vn Samedy à la Messe, elle demanda avec instance à Nostre-Dame, qu'elle luy fit naître les occasions de luy rendre quelque agreable service, & qu'elle luy enseignât le genre de vie qu'elle devoit garder. Dans cet instant elle fut ravie, & entendit la sainte Vierge qui luy disoit : Fais mettre dans vne Regle tous ce que tu trouveras écrit de moy dans l'Evangile, & la fais approuver du saint Siege Apostolique, & sçache que c'est le vray moyen pour toy & pour toutes les personnes, qui apres en avoir fait la profession, la garderont, de plaire à mon Fils & à moy, & d'estre tendrement aymez de nous deux. Par où vous voyez, mon cher Lecteur, que radicalement & essentiellement cette Religion est établie pour honorer la divine Marie, & ne prend elle pas son nom de son Annonciation, qui fut le iour auquel elle fut la Mere de Dieu & élevée à cette haute dignité, dont on ne parle que trop bassement, quand on dit qu'elle est le recüeil de toutes les graces du Ciel, l'Objet des effusions de l'amour de Dieu, le Theatre de ses merveilles, le Terme de ses communications envers la creature & la Consommation des œuvres de sa puissance: Concluez donc avec moy que cet Ordre à cet avantage au dessus des autres qu'il rend vn culte plus special à Nostre-Dame, ainsi qu'on peut encore remarquer par ses pratiques, par toutes les heures de ses Offices qu'il commence toutes par le Salut de l'Ange Gabriel *Ave Maria*, & par les Festes particulieres qu'il fait en son honneur, que ie ne rapporte point de peur d'estre ennuyeux au Lecteur.

CHAPITRE IX.

De l'origine des Religieuses du Tiers-Ordre de S. François, dites de Chasteau-Gontier.

L'Apôtre dit vn grand mot quand il asseure que la Pieté est vtile à toutes choses, car quand elle se mesle avec les autres, elle les fait agir avec toute la Perfection qui leur est possible. Si elle se joint avec la devotion, on abandonne les Palais, on ne cherche plus que les Hospitaux, & on s'y plaist davantage que dans la Cour des Roys: Si elle s'vnit avec la liberalité, on s'épuise pour bastir des Temples à Dieu, & nous pouvons dire avec verité, que tout les plus magnifiques qui sont dans la Chrestienté, sont ses ouvrages: N'est-ce pas elle qui a donné Rome à Iesus-Christ, & qui l'ayant ostée aux Cesars, en a fait le Trône de son Empire? C'est elle qui a étouffé l'Idolatrie en nostre Royaume, & qui y a eslevé tant de superbes Autels au Fils de Dieu.

C'est la Pieté de Madame Marguerite de Loraine Duchesse d'Alençon, qui a esté en quelque façon le commencement de ce Tiers-Ordre. Mais avant que

Gabriel Maria. 177

que de venir au détail de cela, ie supplie le Lecteur de me permettre de dire quelque chose des actions admirables de cette illustre Princesse. Elle eut pour Pere Ferry Duc de Loraine, de Bar & d'Anjou, Marquis du Pont, Comte de Provence & de Beaumont : Dés le bas âge elle fit voir tant de marques de sa Devotion qu'on jugea bien dés lors qu'elle seroit vne des plus Vertueuses de son siecle. A peine avoit elle atteint l'âge de treize ans que son Pere mourut, & elle fut mise sous la conduite du Roy de Sicile son Frere ; Ceux qui la voyoient, estoient surpris de toutes ses belles qualitez, de sorte que si elle fut l'admiration de toute sa Cour, elle en fut aussi l'exemple : Il n'y avoit point de Prince qui ne la desirât en Mariage, & apres avoir esté recherchée de beaucoup, elle fut accordée à René Duc d'Alençon, Pair de France, Comte du Perche. Ce fut vn des plus illustres Mariages que le Ciel ayt fait sur la Terre, car tout y estoit égal les humeurs y estoient semblables, & s'il s'y mesloit quelque different, c'estoit à qui feroit de plus prompts progrez dans la perfection du Christianisme. Mais comme il n'y a point de roses sans épines, leur Paix estoit quelquefois troublée par ces petits déplaisirs qui accompagnent ordinairement la sterilité : c'est pourquoy, ayant esté quatre ans sans avoir d'enfans, ils eûrent recours à S. François d'Assise, & firent vœu de donner vne Maison à son Ordre, afin qu'il leur obtint cette Benediction du Ciel, ils virent bien-tost l'accomplissement de leurs souhaits, car ils eurent vn fils & deux filles,

Z

le fils fut marié à Madame Marguerite de France, Sœur vnique de François I. de ce Nom : Et parce qu'ils estoient tres-exacts à s'acquiter de leur promesses ; Ils firent bâtir l'an 1488. le Convent de la Fléche en Anjou, pour les Freres Mineurs de la Province de Touraine Pictavienne, qui estoient alors dans vne haute reputation de Sainteté.

L'an 1492. son Mary mourut : Aprés luy avoir rendu ses devoirs, elle crut estre obligée de satisfaire à toutes ses intentions. Il luy avoit souvent témoigné qu'il avoit vn extréme desir d'établir dans sa Ville d'Alençon, de son Chasteau, vn Monastere de Sainte Claire, comme celuy qu'on appelle l'*Ave Maria*, qui est à Paris, afin qu'aprés sa mort, ou quand il seroit à la Cour, elle s'y retirât pour estre plus libre en ses devotions, & pour estre vn exemples à toutes les Dames de Condition : La Vie de ce Prince fut trop courte pour executer son entreprise ; Dieu reservoit à la Pieté de sa femme, le commencement & la fin de cét ouvrage que i'estime plus illustre que le Temple de Salomon : Car quoy qu'on y aye pas tant employé de richesses, pour sa structure, il a neantmoins toûjours esté remply d'vn si grand nombre d'excellentes Religieuses, qui louënt Dieu iour & nuit, & qui surpassent les Chartreux en austeritez, que ie peu dire que ces Saintes Filles, qui sont autant de victimes de la Charité, sont plus aggreables à Dieu que toutes celles qu'on a égorgées sur ses Autels, dans la vieille Loy.

Aprés qu'elle eut rendu ces marques de respect

aux cendres de son cher Epoux, Elle s'apliqua au secours des Pauvres, & tout son empressement estoit de les assister: On luy dit qu'il y avoit dans la Picardie, des Religieuses qui vivoient en commun sous la Regle du Tiers Ordre de S. François, qu'on appelloit Hospitalieres ou Sœurs de Ste Elizabeth Reine de Hongrie, & demeuroient en des Maisons proches les Hospitaux, parce qu'elles faisoient profession d'assister les malades, & s'acquitoient de cela avec beaucoup de zele. Elle demanda au R. Pere Provincial de France Parisienne, six de ses Filles qui luy estoient sujettes, il les luy accorda, & puis ayant fait acheter vne Maison à Mortagne, elle les y logea; De sorte que ce lieu leur servit pour recevoir les Pauvres qu'elles traittoient avec des soins extraordinaires.

Quatre ans apres, par le conseil des Superieurs de l'Ordre, Elle leur fit bâtir vn Monastere, où elles firent vœu de garder la Pauvreté, l'Obeïssance, la Chasteté, & par l'inspiration du Ciel, & de S. François, Elles y adjoûterent la Closture perpetuelle.

L'an 1507. cette vertueuse Princesse vint en sa Ville de Chasteau-Gontier, & voyant que le soin des Pauvres, estoit negligé, elle voulut y mettre l'ordre necessaire, les Habitans luy cederent tous les droits qu'ils pretendoient avoir sur les biens de l'Hospital, afin qu'elle en disposast absolument comme Maistresse. Elle fit venir des Religieuses du Monastere d'Argentan, ausquelles elle donna la conduite perpetuelle de cet Hospital, afin qu'elles assistassent les Pauvres; & afin qu'elles ne fussent point incommodées dans cet exercice, Elle fit bâtir vn Monastere aupres avec son Eglise, & fit recevoir ce concordat transigé entr'elles & les Habitans en Cour de Rome, dans le Parlement de Paris & par Messire François de Rohan Evesque d'Angers.

Depuis l'an 1507. jusques en l'an 1516. elle s'appliqua toûjours à la Devotion, à la pratique des bonnes œuvres, à l'education de ses Enfans, qu'elle éleva dans la crainte de Dieu, & à gouverner ses Sujets selon les Loix du Ciel, de sorte que sa Vie fut dans vne si haute integrité, qu'elle pouvoit servir de modele aux grands & aux petits, aux pauvres & aux riches.

Dans cette année de 1516. François I. de ce nom Roy de France, vient dans le mois de Septembre dans la Ville d'Argentan, où cette sainte Duchesse s'estoit transportée quelques iours auparavant pour preparer le Chasteau, afin de le recevoir avec Madame Marguerite de France Duchesse de Berry, Sœur vnique du Roy, & Femme du Duc d'Alençon, Fils de cette vertueuse Dame, & aussi-tost que cette Cour fut sortie de ce lieu, elle courut promptement en la solitude de Mortagne, où elle s'estimoit plus heureuse que celles qui sont assises sur vn Thrône de diamans; mais parce que les Habitans d'Argenton soüaittoient de la retenir dans leur Ville pour en estre l'Ange Tutelaire, ils luy offrirent leur Hospital qui estoit tres-riche & situé en vn fort beau lieu : Ils la prierent instamment d'y mettre des Religieuses, elle acquiesça à leur demande, & obtient pour cela le confentement des Superieurs de l'Ordre & la permiffion du faint Siege; & durant le temps qu'elle fe ménageoit tous fes pouvoirs, afin qu'il n'y eût rien à dire aux chofes, elle fit tous les difpofitifs neceffaires pour recevoir les Religieufes qui luy furent deftinées par le tres-Reverend Pere General de l'Ordre de faint François, & qui furent prifes dans le Monaftere de Mortagne, elles furent reçeuës dans la Ville comme des Saintes, & conduites à l'Hoftel Dieu par cette devote Princeffe, qui voulut toûjours loger avec elles, & dés lors elle abandonna fon Chafteau & commença à conformer fa vie à celle de fainte Elifabeth Reyne d'Hongrie, & comme elle vit que fes Filles eftoient bien établies & qu'il ne leur manquoit rien, l'an 1517. elle alla à Paris pour donner ordre à quelques affaires, & de peur d'eftre divertie du deffein qu'elle avoit de quitter le monde, elle en fit vn vœu exprès, & fupplia le Roy de luy permettre de l'accomplir. Elle fort de la Cour qu'elle avoit rangée par fa Vertu, elle vient à Argentan accompagnée du Duc fon fils, de l'Evefque de Seez & de beaucoup de perfonnes de qualité, & auffi-toft qu'elle y fut arrivée, elle reçeut l'Habit de Religieufe du Tiers Ordre de S. François des mains du Bien-heureux Pere GABRIEL MARIA, qui eftoit alors Commiffaire general de la Famille qui eft deçà les monts, qui luy fit vne excellente exhortation, & fur tout l'encouragea à fe tenir ferme contre les pleurs de fes enfans & de fes proches qui eftoient inconfolables de perdre vne fi bonne Mere; mais leurs larmes fe renforcerent & ils pousserent des cris jusques au ciel quand ils la virent dépoüillée de toutes les marques de sa Grandeur, vestuë d'vne grosse serge & dans vne mortification si generale de tous ses sens, que c'estoit assez de la regarder pour conceuoir du mépris de toutes les vanitez de la terre. Elle estoit comme vne statüe de bronze parmy toutes ces clameurs qui eussent fait fendre les rochers de pitié, s'ils eussent esté animez & presens à ce spectacle. En verité, mon cher Lecteur, n'est-elle pas cette femme forte qui n'est point émeüe de ce qui met tous les autres dans la consternation.

Le Bien-heureux Pere GABRIEL MARIA regardoit sa constance avec admiration & adoroit dans son interieur les Bontez divines qui avoient caché tant de Vertus dans cette sainte Ame, dont il connoissoit le fonds, parce qu'il avoit souvent esté son Directeur, quoy qu'il ne luy ayt pas rendu de si grandes assiduitez comme à la Bien-heureuse Ieanne de France. Ie ne peux oublier icy vne marque qu'elle donna de sa profonde humilité, c'est qu'elle pria ce bon Pere qui la recevoit à la vesture, qu'on dît le Psalme, *Deus, Deus meus vt quid dereliquisti me*, en memoire de la Passion de nostre Seigneur, avec qui elle vouloit estre crucifiée; & la ceremonie estant achevée elle luy demanda encore qu'on ne chantât point le *Te Deum laudamus*, comme on a accoûtumé de faire en de semblables occasions, parce disoit-elle, qu'elle avoit donné toute sa jeunesse au monde, & que Dieu n'en avoit que les restes.

Or parce qu'on craignoit que le commerce qu'elle avoit avec les Pauvres, ne luy causât quelque fâcheuse maladie; Le Bien-heureux Pere GABRIEL MARIA luy persuada de faire bâtir vn Convent dans vn autre lieu plus commode que celuy-là, elle y consentit plûtost par vne obeïssance aveugle que par vn autre motif. Son fils luy donna autant de terre qu'il falloit pour cela, & les Habitans pour preuve du respect qu'ils avoient pour elle, luy firent present de cinq cens livres, qui estoit alors vne somme assez considerable pour estre employée à cet édifice. Cependant qu'on y travailloit incessamment, cette sainte Princesse faisoit vn rigoureux Noviciat, & dans vn an de temps elle fit plus de progrez dans la Vertu, que les plus zelez n'eussent fait dans tout le cours de leur vie, si la Charité avoit esté son caractere particulier lors qu'elle estoit dans le monde, l'Humilité fut le sien quand elle fut en Religion; car ses delices estoient dans les plus bas employs, les plus vils luy estoient les plus chers, & elle n'estoit jamais plus triste que lors qu'on entreprenoit sur elle pour cela: Si elle avoit des doutes ou des difficultez dans l'esprit, elle avoit recours au Bien-heureux Pere GABRIEL MARIA, & obeïssoit à ses advis comme aux ordres du Ciel. Le temps de sa Profession estant proche, elle la voulut faire comme vne simple Religieuse, ses Superieurs y resistoient, de sorte que voyans leur resolution, elle se jetta aux pieds du Reverend Pere Clapion, qui estoit alors Provincial, & luy dit ces paroles avec vne humilité qui me charme le cœur; Mon Pere ne me déniez ” pas ce que ie vous demande avec tant d'ardeur & ”

„d'inſtance, car en verité le plus ſenſible déplaiſir
„que ie puiſſe recevoir de vous, c'eſt d'eſtre traitée
„d'vn autre maniere que celles avec qui ie demeure.
„Ie ſuis la moindre de toute la Compagnie, & la plus
„indigne de recevoir des honneurs; Ie vous prie d'a-
„voir la meſme bonté pour moy qu'eut autrefois le
„bon Pere GABRIEL MARIA qui me donna le ſaint
„Habit que ie porte, apres avoir entendu ma Con-
„feſſion generale, & reçeu le precieux Corps de mon
„Sauveur, que ie deſire ſervir le reſte de mes iours.

Elle dit cela avec tant de ferveur, que le Pere Provincial en fut ſenſiblement touché, & luy répondit, Madame, puis qu'il vous plaît de perſeverer dans l'Ordre de ſaint François, & de vous aſſujettir aux Superieurs qui le gouvernent, ie vous donne dés à preſent la Regle de ſainte Claire, mitigée par les ſouverains Pontifes Vrbain & Eugene. Elle accepta ſa propoſition avec bien de la joye, & toutes les autres Religieuſes de la Communauté la ſuivirent dans ce pieux Inſtitut; & apres avoir envoyé à Rome pour obtenir du ſaint Siege la confirmation de leur engagement à ce genre de vie, elle ſe diſpoſa avec vne ferveur incroyable à faire ſa Profeſſion. Le Bien-heureux Pere GABRIEL MARIA reçeut ſes Vœux apres qu'elles les eut faits: Elle redoubla tous ſes exercices de Vertu, & dans la penſée qu'elle eut qu'elle n'avoit rien fait juſques alors pour la gloire de Dieu ny pour ſon ſalut, elle s'appliqua avec vne ferveur infatigable à toutes les pratiques de la Devotion. On luy voulut donner les premiers Offices de la Maiſon, elle n'en deſira fira jamais d'autre que celuy de Portiere, pour avoir cette consolation de donner elle mesme l'aumône aux Pauvres qu'elle regardoit comme les membres de Iesus-Christ. Enfin plus chargées de merites que d'années, elle mourut le 2. iour de Novembre 1522. I'ay creu que le Lecteur ne seroit pas fâché, si ie sortois vn peu de ma matiere pour luy apprendre le genre de vie de cette sainte Duchesse, avec les heureux succez de sa pieté, & pour reprendre le sujet que j'avois quitté qui est l'origine des Religieuses du Tiers Ordre de saint François de Chasteau-Gontier sous le titre de sainte Elisabeth : Ie dis qu'il a commencé (remarquez cecy) lors que Madame Marguerite Duchesse d'Alençon fit venir six Religieuses de Mortagne à Chasteau-gontier l'an 1507. pour jetter les fondemens du nouveau Monastere de saint Iulien, elles y furent dix ans entiers sans faire vœu de closture recitant les heures Canoniales, & employant tout le reste du temps à servir les pauvres de leur Hospital, & les autres malades lors qu'elles y estoient appellées. La premiere de celles qui vinrent de Mortagne & qui fut Superieure, avoit nom Sœur Isabeau Viseuse, la seconde Sœur Guillemette de Fremont, la troisiéme Sœur Thiennette Alloret, la quatriéme Sœur Françoise du Chesne, la cinquiéme Sœur Gabriele la Seurte, la sixiéme Sœur Françoise de Guinée : ces six premieres en reçeurent plusieurs autres pour leur ayder à faire les fonctions & les offices de Religion ; mais nous ne trouvons point les noms de celles qui furent reçeües avant que d'estre renfermées, excepté de six que nous avons tiré de leurs Contracts, qui sont Sœur Marguerite de Maillé, Sœur Françoise de Maugny, Sœur Marguerite le Roux, Sœur Renée de la Rouveraye, Sœur Marguerite du Mesnil, Sœur Isabeau de Bellée. Toutes ces six apporterent ensemble mil livres en argent & de petites pensions pour leur ayder à vivre, le revenu de l'Hospital n'estant pas suffisant pour leur subsistance. Apres qu'elles eurent passé dix ans sans closture, & voyant que l'excellence de la vie Religieuse consistoit particulierement dans la retraite du monde qui est absolument necessaire pour s'vnir à Dieu; c'est pourquoy elles supplierent instamment leur Fondatrice & leurs Superieurs de les enfermer, & pour cet effet elles firent venir derechef six Religieuses de Picardie pour donner commencement à la closture, & il ne se trouve aucun écrit qui nous raporte le nom de ces excellentes Filles, mais seulement que Sœur Roberde Euglard estoit Superieure dudit Monastere l'an 1517. qui est l'année qu'elles se firent murer.

Chapitre X.

De la Regle des Religieuses du Tiers-Ordre de Chasteau-Gontier sous le titre de sainte Elisabeth.

Q Voy que les Religieuses de Chasteau-Gontier eussent fait veeu de Closture, elles ne gardoient toutesfois que la Regle commune à celles du Tiers-Ordre de saint François. C'est pourquoy plusieurs Evesques & beaucoup d'autres personnes disoient qu'elles n'estoient pas d'vn Ordre approuvé : Ce qui les obligea d'avoir recours au Bien-heureux Pere GABRIEL MARIA, qui estoit alors Commissaire General de la Famille qui est deça les Monts. Il leur promit qu'en allant à Rome, il leur composeroit vne Regle qui leur seroit toute particuliere, & qu'il feroit approuver du S. Siege : Mais comme les desseins qui regardent la Gloire de Dieu, sont toûjours traversez de difficultez, & que l'Enfer leur oppose mil obstacles pour en empescher le succez : En mesme temps que le Bien-heureux Pere GABRIEL MARIA, eut presenté au Sacré College des Cardinaux cette Regle qu'il avoit luy-mesme dressée dans la Chambre du Pape Leon X, qui l'aymoit fort, quelques vns de la Compagnie resisterent à son approbation, & dirent pour leurs raisons, qu'il y en avoit assez d'autres fort saintes & austeres, & que pour cet effet, il ne falloit point augmenter le nombre. C'est pourquoy ce bon Religieux se retira & recommanda à Dieu cet affaire, où il avoit le principal interest. Mais la nuit suivante, le Souverain Pontife eut vne étrange vision qui luy causa beaucoup d'inquietude, tellement que dés le point du jour il envoya chercher le Bien-heureux GABRIEL MARIA ; Mon Fils, i'ay beaucoup souffert cette nuit,, pour vostre consideration, la Sainte Vierge, Saint ,, Laurens, Saint François & Sainte Agnes, se sont ,,

Aa 2

,, apparus à moy, qui m'ont rudement repris à cause
,, du refus que nous fismes hier de recevoir la Regle
,, que vous nous presentâte, c'est pourquoy ie l'ap-
,, prouve de toute la puissance que i'ay receuë de
,, Dieu, & de plus ie donne ma Benediction à tou-
,, tes celles qui la professeront & qui la garderont fi-
,, delement. Ce bon Pere remercia Dieu, ses Saints
Intercesseurs & le Pape de ses bontez, & fit
expedier vn Bref de sa confirmation la cinquiéme
année de son Pontificat l'an 1517. Estant de retour de Rome, il donna vne copie de cette Regle
aux Religieuses de Chasteau-gontier, & les asseura
qu'elle estoit approuvée de vive voix & par vne Bulle expresse & qu'il leur fourniroit l'original en peu
de temps. Il leur raconta les peines qu'il avoit eües
pour la faire recevoir du saint Siege & la vision du
souverain Pontife, dont quatre anciennes Religieuses d'vne éminente vertu, ont rendu témoignage
sous leurs seings. Leurs noms, sont Sœur Marguerite
de Cuissé, Sœur Marguerite le Roux, Sœur Françoise de Maugny & Sœur Marguerite du Doit.

Ces Religieuses vécûrent assez long-temps dans
vne exacte Observance de leur Regle, mais parce
qu'elles n'en avoient point l'Original, elles com-
mencerent à douter que leur Institut fût approuvé
de sa Sainteté, & dans ce scrupule elles eûrent recours au Reverend Pere Provincial de la Province
de Touraine Pictavienne qui estoit leur Superieur,
& qui s'appelloit F. Iacques Renard, qui l'an 1531.
envoya le Pere Noël Habert (qui estoit vn Religieux d'vne grande integrité) à Bourges pour trou-

ver le Bien-heureux Pere GABRIEL MARIA, & sçavoir de luy si cette Regle qu'il avoit donné aux Religieuses de Chasteau-gontier estoit approuvée du souverain Pontife ; ayant oüy sa proposition, il entra dans sa chambre & luy donna le Bref confirmatif de cet Ordre attaché à la mesme Regle, & l'apporta aux Religieuses dudit Chasteau-gontier ; mais comme leurs scrupules ne cessoient point, elles voulûrent avoir vne seconde confirmation de leur Regle, & pour cet effet elles s'addresserent au Reverendissime Pere General, nommé Frere André des Isles, qui manda au Procureur de l'Ordre Frere Antoine de S. Michel, de la faire approuver de nouveau par le souverain Pontife, qui estoit alors Iules III. de ce nom, ce qu'il fit l'an 1551. le Procureur de Court envoya ledit Bref au Reverend Pere Ierosme Batterel, alors Provincial de la Province Touraine Pictavienne, comme Superieur desdites Sœurs, & ayant veu qu'il estoit exempt de toutes sortes de reproches, il assembla à son Diffinitoire avec quelques Religieux de remarque à Chasteau-gontier, ou parlant à toutes les Filles du Monastere, il leur declara que leur Regle qui estoit derechef confirmée par le Pape Iules III. estoit la mesme que celle qu'ils avoient reçeüe du Bien heureux Pere GABRIEL MARIA, & puis lesdites Religieuses s'obligerent derechef & de parole & sous leurs seings de la garder, & de tout cecy il y en a des actes noterisez, tellement que cette Religion a reçeu de Rome deux confirmations de sa Regle, la premiere de Leon X. le cinquiéme de son Pontificat l'an 1517.

& celle-là est dans le Monastere de Champigny que i'ay veüe & leüe, & qui y est gardée comme vne precieuse relique, la seconde est de Iules III. l'an 1551. & celle-là est dans le Monastere du Buron.

CHAPITRE XI.

De la multiplication des Religieuses de cet Ordre.

CEs superbes fleuves qui couvrent tant de païs, qui arrosent tant de terres, & qui entrent plûtost comme des victorieux que comme des Tribubutaires dans le sein de l'Ocean, ne sortent souvent que d'vne source aussi méprisable pour sa petitesse que pour son obscurité. Ces Villes orgueilleuses qui commandent à des Provinces ou à des Royaumes, n'ont commencé la pluspart de temps que par vn petit nombre de Cabanes, qui servoient de retraite à des Bergers ou d'azils à des miserables ; vous avez veu comme il y a eu quelque chose de semblable à cela dans le Monastere de Chasteau-gontier, qui n'estoit qu'vn Hospital dans son commencement, & qui peu à peu s'est élevé jusques à vn point qu'il est le Chef d'vn grand Ordre, ce n'est pas qu'il n'aye eu beaucoup d'ennemis à combattre & qui s'opposoient à tous ces progrez.

Le Demon luy suscita des contradictions épouvantables où il devoit perir & c'est ce qui l'affermit davantage, comme les enfans d'Israël dont le nombre se multiplioit à mesure que Pharaon les vouloit exterminer. Secondement ces bonnes Religieuses qui estoient plus de cinquante, virent les Habitans armez contre elles qui leur suscitoient continuellement des procez pour le revenu de l'Hospital, & la persecution fut si grande qu'elles furent contraintes d'avoir recours à Monseigneur le Duc de Montpensier, & le supplierent de leur donner vn lieu de refuge où elles pûssent servir Nostre Seigneur sans inquietude. Il leur accorda vne maison à Champigny, où elles fussent toutes allées si l'Advocat du Roy de Chasteau-gontier n'eût declaré qu'elles estoient obligées d'en laisser vn nombre suffisant pour faire les office de la Religion: elles y consentirent avec beaucoup de déplaisir, par ce qu'elles avoient bien du regret de se separer, il y en resta neuf, qui furent Sœur Anthoinette & Sœur Magdelaine de la Grandiere, Sœur Magdelaine du Bois-Iourdan, Sœur Ieanne le Cercler, Sœur Françoise de Bersault, Sœur Françoise Bouvoisin, Sœur Renée de Houssemaine Sœur Loüise Houlier & Sœur Françoise Lenfant. Le reste de la Communauté estoit de dix-huit (à raison d'vne contagion generale qui en fit mourir plusieurs) alla à Champigny, dans le Convent que Monsieur le Duc de Montpensier leur avoit fait bâtir, & emporterent avec elles la Regle confirmée par Leon X. Et cette sortie arriva l'an 1566. La Superieure s'appelloit Sœur Catherine de la Plochere, qui fut accompagnée de Sœur Marguerite de Cuissé, mere ancienne de Sœur Marguerite du Doit, de Sœur Anne de Lespine, de Sœur

Marthe Moreau, de Sœur Yolant de Brom, de Sœur Marie de Meaulne, de Sœur Ieanne Ravin, des Sœurs Ieanne & Martine de Quatre-Barbes, de Sœur Iacqueline de Valoger, de Sœur Marie de Lespine, de Sœur Ieanne de la Vollüe, de Sœur Loüise Chotard, de Sœur Catherine de la Iacopiere, des deux Sœurs de Fresné Novices, & de Sœur Angelique de la Fosse, qui mourut en chemin.

Aprés que ces dix-huit Religieuses, furent allées à Champigny, Sœur Antoinette de la Grandiere fut éleüe Superieure à Chasteau-gontier, & continuée douze ans dans cette charge, qui fut le terme de sa vie, où Dieu voulut couronner tous ses travaux dans le Ciel.

Apres sa mort Sœur Ieanne Cercler fut éleüe en sa place l'an 1578. & fut dix-huit ans en cet office à cause que cette Communauté n'estoit composée que de jeunes Filles. Depuis leur separation elles en reçeûrent vingt-quatre à la Religion jusques à la ruïne de S. Iulien où estoit leur maison & qui fut encore vne rude persecution qu'elles souffrirent, car dans le temps qu'elles servoient Nostre Seigneur avec plus de ferveur, leur Monastere fut ruiné jusques dans ses fondemens, & voicy comment : L'an 1593 du temps d'Henry III. les guerres civiles de la ligue desolerent toute la France, Chasteau-gontier creut n'estre pas exempt de ses malheurs communs, & comme ses Habitans vouloient se precautionner contre tous les malheurs qui les menaçoient, ils jugerent que le costé de saint Iulien estant fort foible,

on

on prendroit leur Ville par là, & ils conclurent pour cette raison qu'il faloit abbatre ce Monastere. Que deviendront ces innocentes Vierges, si elles n'ont plus de demeures pour y continuer leurs devots exercices ? Que feront-elles dans cette extreme pauvreté qui leur donnoit licence de se retirer chez leurs parens ou chez leurs proches ? Non elles ont trop de vertu pour retourner dans le monde : la Charité qui les vnissoit estoit si forte qu'elles ne se separerent point, & se fians dans la Providence de Dieu qui a soin de toutes choses, elles resolurent de choisir quelque lieu, & se preparerent à souffrir genereusement toutes les miseres qui sont suiuies d'vne cruelle guerre, & Monsieur le Maréchal du Bois-Dauphin qui vit la grandeur de leur courage en ce rencontre, où les plus forts se fussent abandonnez au desespoir leur chercha vn lieu où elles pûssent estre en seureté parmy tant de perils, & il ne s'en trouva point de plus propre que le Prieuré du grand S. Iean, où le 19. d'Avril de l'an 1593. dix Religieuses y furent envoyées, afin de faire les dispositions necessaires pour receuoir le reste de la Communauté, qui quatre iours apres y fut conduite par la Procession generale de toute la Ville, & elles y demeurerent trois ans avec mille incommoditez, car elles n'avoient que deux chambres pour se loger & vne petite cuisine pour les Servantes ; & quoy qu'elles fussent dans vne extreme pauvreté & sans secours, elles redoublerent neantmoins leurs ferveurs & ne se dispenserent jamais d'aucune Observance, elles avoient pour Eglise vne petite Chapelle de Nostre-

B b

Dame de Grace où elles passoient les nuits & les jours dans la priere, & Iesus-Christ qui estoit leur Epoux les eut toûjours sous sa protection, de sorte qu'il ne leur arriva aucun de tous ces malheurs, que ce sexe redoute plus que la mort; les guerres civiles estant finies, la Mere Cercler Superieure travailla au rétablissement de sa maison ruïnée quoy que ce fût dans vn autre lieu, & pour cet effet elle vt recours à Monsieur le Maréchal du Bois-Dauphin, qui achepta le lieu du Buron pour le prix de quatre mil livres, qu'il donna à la Communauté pour fonds & quelque autre somme d'argent assez considerable pour commencer le bâtiment, & aussi-tost que les muraille de l'Eglise & vn Dortoir furent achevez, le 5. iour de May de l'an 1596. toute la Communauté qui n'estoit composée que de vingt-trois Religieuses (parce qu'il y en eut deux qui moururent lors qu'elles estoient au Prieuré de S. Iean) sortit de S. Iean pour venir au Buron accompagné de tout le Corps de Ville, où elles ont tant travaillé qu'à la fin elles y ont vû tres-beau Monastere assorty de tous les édifices necessaires & qui en rendent le séjour fort agreable; les Religieuses y vivent dans vne exacte Observance de leurs Regles, elles y font les Offices divins avec vne pieté extraordinaire, & le caractere particulier de cette sainte Famille sont la douceur, la docilité, & vne forte inclination pour la pieté. Or c'est ce Monastere du Buron, mon cher Lecteur, que tu dois considerer comme le Chef de l'Ordre & la source de cette illustre Religion, qui s'est multipliée en tant de Villes & de lieux, A-t-on jamais consideré vne vive source qui se répand par de secretes veines de terre en plusieurs endroits & qui se communique aux Campagnes voisines pour fortifier leur fecondité, ou bien avez vous point admiré le Soleil apres avoir veu comme il envoye ses rayons de toutes parts, aussi devez-vous regarder le Monastere de Chasteau-gontier ou du Buron, comme cet illustre Planette qui a donné de si puissans exemples de Vertu, qu'ils ont attiré à leur imitation vne infinité de personnes de grande extraction, & c'est de là que sont derivez les Convens de Champigny, de la Fléche, de Fontenay, de Bressuire, de Poitiers, de Savené, de saint Florent, de Mirebeau, de Monts, de la Roche-posay, de Montmorillon, de Chauvigny, de Nyort, du Puys-Nostre-Dame, du Pont de Cée, de Sablé, & beaucoup d'autres que ie ne rapporte point de peur d'ennuyer le Lecteur. Ie ne parle point encor des Religieuses qui ont esté tirées du Buron, pour instruire les autres Maisons de l'Ordre dans la pratique de leurs Observances, & comme il en est le Chef, il leur doit aussi communiquer les esprits & les influences de la pieté & de l'Observance.

CHAPITRE XII.

De l'Excellence de cette Religion.

QVoy que le Fils de Dieu, qui est l'Oracle de la verité, ayt asseuré que S. Iean Baptiste a esté le plus grand de tous les hommes, ie ne croy pourtant point luy faire d'injure, si ie dis que S. François d'Assise a beaucoup de rapport avec luy pour la Penitence, car si cet incomparable Precurseur du Messie, ne vivoit que de Sauterelles ou de Miel sauvage, & ne beuvoit que de l'eau, & s'il n'estoit vestu que du crin d'vn Chameau. Saint François n'avoit d'ordinaire pour tous mets, qu'vne croûte de pain presque aussi dur qu'vn caillou, mandiée de porte en porte, le Cilice estoit son habit, la platte terre estoit son lict, & traitoit son corps avec tant de rigueur, qu'à peine luy donnoit-il ce qui estoit necessaire pour differer son trépas, il avoit si peu de commerce avec luy, qu'il sembloit que son esprit dédaignoit de l'animer, & que tout occupé de Dieu, il n'avoit plus de soin ny de pensées pour luy, tellement qu'il fut contraint de luy demander pardon de l'avoir abbatu sous les mortifications qui l'avoient décharné & en avoient fait vne squelette.

Si S. Iean exhortoit à la Penitence, tous les

Peuples qui eſtoient ſur le rivage du Iourdain, & avoit des Diſciples qui l'imitoient en ſon genre de vie; Auſſi S. François ſemble n'eſtre né au monde que pour la preſcher aux hommes; il s'acquitte de cet employ avec tant de ſuccez, que partoute l'Italie, on ne voyoit dans les lieux publics que des inſtruments de Penitence: De ſorte que les Marchands ſe faiſoient plus riches par la vente des Haires & des Diſciplines, que partoute autre ſorte de commerce: Et parmy tant de gens qui l'imiterent, i'en remarque de pluſieurs ſortes.

Les premiers furent ceux qui firent Profeſſion publique de ſa Regle, qui eſt vn abregé de toutes les auſteritez de Ieſus-Chriſt & de tous les Apôtres dont il eſt parlé dans le Texte Sacré.

Les ſeconds, ſont les Religieuſes de Sainte Claire, qui non ſeulement ſe ſont obligées par vœu à toutes ſes mortifications qui nous ſont commandées ou conſeillées dans l'Evangile, mais y adjoûtent encore l'abſtinence de la chair, & la cloſture perpetuelle.

Les troiſiémes, eſtoient ceux ou celles, qui ne pouvoient abandonner le monde, à raiſon des enfans, ou pour d'autres ſemblables conſiderations, auſquels ce S. Pere preſcrivit des Pratiques de Penitence, afin de ſervir Dieu avec plus de pureté.

S. Loüis Roy de France, S. Conrad, S. Elzear Comte d'Avian, & beaucoup de vertueuſes perſonnes ont eſté de ce Tiers Ordre.

Le quatriéme genre eſt, de ceux ou de celles, qui dans ce Tiers Ordre, vivent en Communauté,

& y obfervent les trois vœux accouftumez des autres Religions, comme font les Reverends Peres Penitens de Saint François, & les Religieufes qui gardent la Regle qui leur a efté donnée par le Bien-heureux Pere GABRIEL MARIA: Et c'eft de l'excellence de cette derniere Religion que ie pretends parler, & qui confifte en ce qu'elle eft compofée particulierement de deux exercices, dont l'vn fanctifie le corps, l'autre produit vn femblable effet dans l'ame, & fait d'vne Religieufe vne fainte victime auffi pure qu'vn Ange. Le premier eft la mortification du corps, afin de le foûmettre à l'efprit. Car tous les Sages mefme de l'antiquité ont creu que l'ame ne pouvoit faire fes fonctions avec tranquillité, à moins que de traitter fa chair comme vne efclave, car il eft de ces deux parties qui nous compofent comme de deux balances, lors qu'vne fe leve, l'autre s'abbaiffe, c'eft à dire, que celle qui eft la Maiftreffe domine l'autre: C'eft pourquoy ils renonçoient à toutes les voluptez des fens, ils s'éloignoient du commerce du monde, ils fe jettoient en des folitudes perduës pour eftre plus entiers à la fpeculation, & pour n'eftre point infectez des vices qui font dans les Villes: Le Chriftianifme qui fçait mieux que ces Sages l'origine des revoltes de la chair contre l'efprit, ne nous commande pas feulement de fuïr tout ce qui peut irriter les paffions, mais il veut encore que nous nous mortifions par les aufteritez pour arriver à la perfection, & le Fils de Dieu qui eft defcendu du Ciel dans la Terre, pour nous en apprendre le chemin, met la beatitude de cette vie dans la pauvreté, dans les pleurs, dans les tourmens & dans ces malheurs qui nous raviſſent les richeſſes. Il a confirmé par exemple ce qu'il avoit dit de vive voix, car ſa vie a eſté vn tiſſu de peines & de ſouffrances, & il l'a finie dans vn abyſme d'opprobres & de douleurs, & à moins que de porter ſa Croix avec luy, nous ne pouvons eſtre de ſes Diſciples, c'eſt à dire, ſaints comme luy. Ceux-là ne ſont ils donc pas ennemys de Ieſus-Chriſt & de leur bonheur qui pretendent ſe ſauver ſans rien perdre des plaiſirs du corps ? Ceux qui ſont dans cette creance n'ont pas bien refléchy ſur ce que le Texte ſacré dit du Mauvais Riche qui eſt damné pour avoir eſté ſuperbement veſtu & delicatement nourry. C'eſt pourquoy ie ne ſçaurois approuver le ſentiment de ceux qui eſtiment que c'eſt aſſez d'eſtre dans vne haute Pratique de la Priere qui nous vnit avec Dieu ſans ſe ſoucier de mortifier ſa chair. Que ceux-là apprennent que les voluptez du corps, ne s'accordent pas bien avec celles de l'eſprit; car ces deux parties, dit l'Apôtre, ſont contraires; la chair combat contre l'eſprit ſi elle eſt nourrie dans les delices, elle devient lâche ou fougueuſe, & plus elle eſt forte & plus elle ſe rend inſolente. C'eſt pour cela, qu'encore que les Hilarions, les Antoines & les Pauls du Deſert, euſſent reçeu de Dieu, le don d'Oraiſon auſſi avantageuſement qu'on pouvoit deſirer, & qu'ils fuſſent ſi étroitement vnis à Dieu, qu'il n'y avoit rien qui les en pût ſeparer; ils n'ont pas pour cela negligé les auſteritez & les abſtinences, ils ont inventé toutes les peines imaginables pour châtier les insultes de la concupiscence, & par vn instinct qui leur estoit inspiré de la Grace, ils l'affligeoient en mille façons, pour se venger de son insolence. Ils sçavoient que nous naissons dans le monde avec le peché d'origine, qui nous rends ennemis de Dieu ; & quoy qu'il soit effacé par le Baptesme, nous nous soüillons neantmoins tous les iours par de nouveaux crimes; Les Creatures qui nous font des embûches, nous font tomber à tous momens, & que nos actions les plus vertueuses, sont mélées d'imperfections : Et comme c'est la coûtume & qu'il est mesme de la bien-seance que ceux qui portent le duëil, ne se trouvent point aux banquets ny aux spectacles publics; Aussi ces grands Saints estimoient que le Chrestien qui est sujet à tant de cheutes, qui se procure tant de malheurs, qui est investy de tant de perils, doit toûjours verser des larmes, & estre dans les exercices de la Penitence, quand toute la Nature seroit en triomphe. Tous les Saints ont esté fideles en cette pratique ; Ils ont imploré la Misericorde de Dieu avec le sac & la cendre, & depuis qu'ils se furent consacrez à la Pieté, leur vie fut vne continuelle mortification. Ils sçavoient que c'est elle qui fait mourir la concupiscence chez nous, ou du moins qui fait cesser ces rebellions, qui assujettissant la chair à l'esprit nous met dans vn estat le plus approchant qu'il se peut des substances immaterielles, & sanctifiant le corps, parce qu'elle luy oste les impuretez, en fait vne sainte victime à Dieu.

Or

Or les Religieuses du Tiers-Ordre de S. François la pratiquent si exactement qu'il n'y a rien de plus austere que leur Regle qui les oblige à porter la Croix de Iesus-Christ, qui est leur Epoux, car leur vie est vn jeûne perpetuel. Il y en a vn qui commence à la Feste de Toussaints & qui ne finit qu'à celle de Noël : Elle en ont encore vne autre qui est depuis la Septuagesime iusques à Pasques. Ie ne parle point de tant de Vigiles des Festes qui arrivent dans tout le cours de l'année ; Le Lundy & le Mercredy, elles ne mangent point de chair, mais en verité cette abstinence est vn vray ieûne, qui joint au Vendredy fait trois jeusnes par semaines, ausquels si vous adjoûtez encore près de cinq mois de jeusne qui sont dans les deux Caresmes, dans les Vigiles, & autres semblables obligations ; il faut que vous confessiez avec moy, qu'à moins que d'estre homicide de sa vie, on ne sçauroit pas se charger de plus d'austeritez. Ie ne parle point de leurs Veilles & de leurs Disciplines, qui sont fort communes en cet Ordre, ny de ce qu'elles couchent la nuit avec leurs habits. De sorte qu'à considerer leur genre de vie, vous diriez qu'elles ont juré vn eternel divorce avec les plaisirs des sens, & que tous leurs delices sont dans la Croix ; Elles se souviennent qu'elles sont les Filles d'vn Dieu mourant dans vn gibet, qu'elles ont esté conceuës de ses Playes, & qu'il leur a donné la vie par la Sacrée effusion de son Sang. Elles pensent encore qu'elles sont les Filles d'vn Homme Crucifié par les mains d'vn Seraphin, & partant qu'elles doivent porter avec luy les Stigmates. Que le Bien-heureux Pere GABRIEL MARIA, qui est leur Instituteur, a persecuté sa chair toute innocente qu'elle estoit, par les Haires & les Disciplines qui la déchiroient jusques à la mettre en pieces, & par les jeûnes qui luy avoient osté toutes ses forces, tellement qu'il n'y a personne en cette Religion qui ne fassent de ses sens, de son corps, & des passions de son appetit, vne victime à Dieu par le moyen de la mortification, qui a cette vertu de sanctifier le corps en l'assujetissant à l'Empire de la raison & à la Loy de Dieu. Mais comme on n'est que demy sanctifié, si on ne l'est que dans la moindre partie de soy mesme: Voicy vn second moyen, fort commun dans cet Ordre, pour sanctifier l'ame, & c'est:

La Priere qui est vne élevation de l'ame à Dieu, & quoy qu'il soit infiniment puissant, & que l'homme soit sujet à vne infinité de foiblesse, elle les vnit neantmoins ensemble: C'est ce qui a fait dire à vn des plus éloquens hommes de ce siecle qu'elle estoit comme vne montagne de Thabor, dans laquelle se fait vne admirable transfiguration de l'ame en en Dieu, suivant ce que dit S. Paul en contemplant la Gloire du Seigneur, nous sommes transformez en la mesme Image de Lumiere en Lumiere, comme si nous estions remplis de l'esprit de Dieu. L'Ecriture fulmine vne malediction contre les Idolatres, leur souhaitte par imprecation, qu'ils soient semblables aux Pierres à qui ils rendent les honneurs Divins; Mais icy par vne Benediction toute contraire, nous sommes conformes à celuy que nous adorons, & en considerant ses perfections infinies, nous prenons les proprietez de la nature divine; d'où il est fort aisé de comprendre comme cette transformation ne se fait pas d'vne substance dans vne autre, car les deux estres ne perissent point pour en composer vn troisiéme, mais c'est que l'ame est tellement penetrée de la divinité qu'elle ne se sent plus elle-mesme, elle n'a point d'égard à ce qu'elle a esté, ny à ce qu'elle est: Et comme aprés avoir regardé long-temps le Soleil on ne se voit pas soy-mesme quand on abbaisse les yeux sur soy, & on ne trouve par tout que la lumiere dont on s'est remply la veüe; De mesme par le moyen de la priere l'ame ne voit que Dieu en soy & hors de soy, elle n'a que la beauté dans les yeux & dans le cœur, & comme si cet estre souverain avoit attiré le sien, de la mesme sorte qu'vne grande chaleur en attire vne petite, elle benit la perte qu'il luy semble avoir fait de soy-mesme, & agit comme si elle n'estoit plus qu'vne mesme vie & qu'vn mesme esprit avec luy, & comme si elle estoit retournée à l'Estre eternel qu'elle avoit dans les Idées divines avant sa creation, de sorte qu'elle peut dire avec S. Paul, *Ce n'est pas moy qui vis, c'est Iesus-Christ qui vit en moy.* C'est en cette vie divine que consiste la parfaite sanctification d'vne ame. Et puis que l'Oraison nous éleve jusques à la participation des perfections divines, ne faut-il pas conclure qu'elle fait le grand ouvrage de nostre sanctification.

Or de tous les Ordres Religieux de Filles, il n'y

en a point où la prière soit plus commune comme chez celles du Tiers-Ordre de saint François, qui observent la Regle composée par le Bien-heureux Pere GABRIEL MARIA, car elles recitent le grand Office selon l'ordre Romain, celuy de la sainte Vierge : elles y adjoûtent encore de longues Oraisons Mentales qu'elles font la nuit & le iour, de sorte qu'elles sont presque toûjours à l'Eglise, & on peut dire que l'exercice de l'Oraison n'est jamais interrompu chez elles ; Et c'est la seconde marque de l'excellence de cette vie de ce qu'elle sanctifie l'ame par la priere comme elle fait le corps par la mortification, & ces deux choses sont les deux caracteres qui la distinguent des autres Religions.

CHAPITRE XIII.

De la mort du Bien-heureux Pere Gabriel Maria.

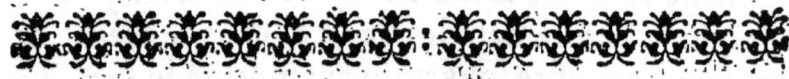

LA mort est si épouvantable que les Iuris-consultes ont crû que la crainte en estoit juste, & qu'elle estoit du nombre des choses qui peuvent troubler le repos d'vn homme constant, sans que pour cela il peche contre les Regles de la Morale. Ils adjoûtent que les actions qu'on fait lors quelle nous a déja livré les premiers assauts, estoient plûtost contraintes que volontaires, & que nos traitez estoient invalides, parce que nous privans aussi bien de l'vsage de la liberté que de celuy de la raison elle cassoit nos contracts: En effet comme elle nous ravit la vie qui est la chose qui nous est la plus chere apres la grace de Dieu, les vertus & l'honneur, il est fort difficile qu'on ne soit saisi de frayeur aux approches de cette impitoyable, qui a des houes & des sceptres à ses pieds, avec cette devise, *Ie n'épargne personne.* Nous voyons tous les iours des gens qui ayment la vie avec tant de déreglement qu'ils consentent qu'on les mettent par quartiers, c'est à dire, qu'on separe vne partie d'avec l'autre, pourveu quelle assiste aux funerailles de sa compagne. Quoy que le Roy Ezechias fût tres-saint, il eut neantmoins peur de la mort, il demanda à Dieu avec effusion de larmes la prolongation de ses iours: Et vn de nos Princes la redoutoit si fort, qu'il promettoit des montagnes d'or à ses Medecins, pourveu que par la force de leurs remedes & de leurs addresses ils luy procurassent vne vie bien longue: c'est pour cela qu'il appelloit les Hermites du fonds des Forests, & les conjuroit d'obtenir de Dieu par leurs prieres la continuation de sa santé: Il faut neantmoins se défaire de cette foiblesse d'esprit & regarder la mort avec vn œil de reflexion comme le tombeau des vices & le berçeau où on trouve le repos. Et ne voyez vous pas que les gens de bien l'atendent sans frayeur; Il y en a mesme qui l'invoquent comme la fin des miseres: Ils sçavent que le monde est vn lieu de bannissement, que le Ciel est nostre patrie, & qu'ils y seront vn iour appellez pour recevoir la recompense de leurs travaux. Entrez dans les deserts de la Thebaïde, vous y verrez des hommes qui ne s'entretiennent que des pensées de la mort & qui la desirent avec ardeur, vous les remarquerez chargez de chaînes, déchirez par de sanglantes disciplines, abbatus par les jeûnes & par les veilles, qui soüaitent la fin de leur vie. La mort n'est donc fâcheuse qu'à ceux qui ont fait leur centre du monde & qui y ont toutes leurs attaches: mais elle est avantageuse à vn Religieux qui l'a abandonné il y a long-temps, elle ne passe dans son esprit que pour vn affranchissement de toutes sortes de miseres, que pour vn rappel d'vn fâcheux exil, & ce iour qui fait trembler les Monarques & remplit tous les Estats de dueïl, luy est vn commencement de gloire & de joye de voir ces chaînes rompuës. Le Bien-heureux Pere GABRIEL MARIA n'a jamais eu peur de la mort, puisque dans l'âge de soixante-huit ans il se sacrifie à des travaux pour qui la jeunesse mesme n'auroit pas assez de forces; Il estoit venu à Bourges pour satisfaire aux obligations de sa Charge & meditoit de plus grandes choses pour la gloire de Dieu.

L'Eglise en ce temps-là estoit dans vn si triste état que ie ne croy pas qu'on l'ayt veüe de mesme depuis la persecution des douze Cesars, où elle fut presque éteinte dans le sang de ses Enfans. Toute l'Europe estoit en trouble: L'Empereur Soliman s'emparoit tous les iours des Terres qui appartenoient aux Chrestiens: La France & l'Espagne se déchiroient par de cruelles & sanglantes guerres; Toute l'Allemagne estoit divisée & reduite en de facheuses partialitez: L'Angleterre s'estoit retirée de l'obeïssance de l'Eglise, parce qu'elle avoit con-

damné les amours injuſtes de Henry VIII. ſon Roy.
Il y avoit peu que Rome avoit eſté priſe & donnée
en pillage deux mois durant aux Allemans qui n'é-
pargnerent ny le ſacré ny le prophane, & il n'y eut
point de lieux dans cette Ville ſainte conſacrez à la
Pieté qui ne fuſſent ſoüillez de leurs ſacrileges. Le
ſouverain Pontife Clement VII. fut mis en priſon :
Vn Lanſquenet plus impie qu'vn Demon fut revé-
tu des habits Pontificaux, & la Thiare ſur la teſte
fut mené en triomphe par les ruës publiques, & en
ſa perſonne on proclama Luther Pape qui ayant tiré ſes hereſies du fonds des Enfers en avoit infecté
tous les Royaumes de la Chreſtienté. Où eſtiez-vous
Seigneur, durant la deſolation de voſtre Epouſe ?
Eſtiez-vous point endormy, ou plûtoſt aviez-vous
point l'œil fermé ſur tant de malheurs qui l'affligeoient? Si vous aviez reſolu déprouver la foy & la
conſtance des gens de bien, faloit-il permettre que
celle qui vous eſt chere comme la prunelle de vos
yeux fut reduite à cette extremité. Ce ſont, ô mon
Dieu! des abyſmes de voſtre Sageſſe où perſonne
ne peut penetrer : Lorſque toutes choſes eſtoient
dans vn eſtat où il ſemble que le ſeul deſeſpoir eſtoit
le remede à tant de calamitez, le Pape fut inſpiré
de tenir vn Concile general, il y travailla fortement
par ſes Nonces & par ſes Legats qu'il envoya en Allemagne; Il en fit donner advis au nouveau Duc de
Saxe Iean Frederic, qui apres la mort de ſon Pere
fut le Chef des Proteſtans & offrit pour le lieu de
cette auguſte Aſſemblée Boulogne ou Plaiſance ou
Mantouë. Mais ſes efforts furent inutiles & l'exe-

cution de ce pieux deſſein fut reſervée à ſes Succeſ-
ſeurs, mais comme la Renommée à cent bouches
& qu'elle vole auſſi viſte que les éclairs, le bruit ce
répand dans toute la Chreſtienté, qu'en peu de
temps on tiendroit vn Concile qui termineroit tous
les differens de la Religion, & qui chercheroit les
moyens d'empécher le cours des armes des Allemãs
ſur nos terres. Le Bien-heureux Pere GABRIEL
MARIA qui avoit vn zele égal à celuy des Seraphins,
deſirant de ſervir l'Egliſe dans ce deſordre vniverſel,
prit reſolution d'aller en Italie avec les Peres de ſon
Ordre, qui s'en alloient à vn Chapitre general, pour
ſe reſoudre ſur les moyens propres qu'il faudroit ſuivre pour travailler vtilemét en cette commune neceſſité de la cauſe de Dieu.

Il avoit atteint l'âge de ſoixante-neuf ans, il eſtoit
plus malade qu'il n'eſtoit vieil, il ne ſe pouvoit preſque ſoûtenir, & il faloit que l'eſprit portât le corps.
Il partit de Bourges quelques mois apres le commencement de l'année 1532. cependant il ne perdoit
aucune occaſion de preſcher, de confeſſer, & d'aſſiſter ſpirituellement tous ceux qui ſe preſentoient à
luy. Cela n'eſtoit-il pas admirable de voir cette venerable vieilleſſe abbatuë par tant d'auſteritez, af-
foiblie par tant de mortifications, & qui travaille
auſſi vigoureuſement dans les grands emplois du
monde & du Cloiſtre, que s'il n'avoit que quarante
ans.

Les loix permettent aux Officiers publics de ſe
retirer de leurs charges à ſoixante ans, quoy qu'ils
en retiennent toûjours les prerogatives. Cette permiſſion

mission persuade & ne commande pas la retraite pour ne point oster aux Anciens la gloire de l'avoir choisie; & pour ne point offencer par vn reproche comme certains esprits forts jusques à l'extremité de l'âge, ny prejudicier aux affaires qui ont besoin de leur conseil. Nous sçavons que le Bien-heureux Pere GABRIEL MARIA avoit blanchy dans les travaux qui luy avoient merité vn glorieux repos, mais il le rejette, & veut sacrifier les derniers momens de sa vie à la gloire de Dieu: mais ce zele tout extraordinaire que ie remarque en luy pour soûtenir les interests de son Redempteur n'est qu'vn prejugé qu'il doit bien-tost recevoir la couronne de Iustice qui est deüe à ses vertus. S'il tire des forces de sa foiblesse pour aller plus viste, c'est comme les choses naturelles qui precipitent leurs mouumens aux approches de leur centre, ou comme le voyageur qui double le pas & qui ne sent point sa lassitude quand il se voit pres de sa maison; en effet il se trouva si foible dans le chemin, qu'il fut contraint de quitter la route qu'il s'estoit proposée & son dessein pour Rome; on le porta à Rhodez où les Religieuses de l'Annonciade qui y estoient établies le reçurent comme leur Pere, on n'épargna rien pour sa guerison, mais sa maladie s'accroissoit tous les jours, & dit pour la derniere fois la Messe le iour de sainte Anne. Il se trouvoit à l'Eglise tous les autres jours où il faisoit la sainte Communion, & le 27. d'Aoust apres avoir dit le dernier à Dieu à ses Filles, il se retira en sa Cellule où durant le peu de temps qu'il resta en vie, il produisit vne infinité

D d

d'actes d'Amour, de Foy, d'Esperance, qui sembloient déja le transporter dans ces vastes regions de lumieres & de gloire qui l'attendoient. Il proposa de plus aux Religieux qui l'assistoient dix Questions touchant l'excellence & les merites de la sainte Vierge, comme c'estoit sa coûtume de ne prendre jamais de repas hors la Communauté lors qu'il avoit trop d'affaires, ou qu'il estoit infirme qu'il n'en parlât, tant il avoit de tendresse & de devotion pour elle. Mais apres que les Religieux luy eûrent dit leurs sentimens sur la matiere qu'il avoit proposée, il ne peut expliquer le sien, parce que la courte haleine l'empêchoit de parler, & levant les yeux au Ciel, il fit paroître au dehors qu'il avoit vne ioye inconcevable dans le cœur, & puis il dit, *Ie verray aujourd'huy la Bien-heureuse Mere de Dieu, de laquelle nous parlons.* Aprés le repas, on le porta sur sa pauvre couche, commença les Vespres de la Sainte Vierge, & lors qu'il achevoit le dernier verset de *Magnificat*, il s'endormit, & durant ce sommeil, il mourut, avec tant de douceur qu'on ne s'en apperçeut point. Il alla au Ciel achever son Cantique par ces belles paroles, *Gloire soit au Pere, au Fils, & au S. Esprit.* O mort heureuse ! qui a esté à ce S. Religieux, vn Passage à la Souveraine Felicité. O que tu es souhaittable ! puis que tu es la premiere Couronne de la Pieté ! Lors que l'Ecriture nous represente la mort de Moyse, Elle nous apprend que ce ne fut pas tant la vieillesse que la volonté de Dieu qui en fut la cause. Moyse dit-elle est mort par le commandement du Seigneur. Il semble que ces paroles nous veüillent apprendre que sa mort n'a point esté vn chastiment du peché d'Adam, dont tous les hommes sont complices, & que Dieu le voulut seulement tirer de ce monde. Ne voyez-vous pas quelque chose de semblable dans la mort du Bien-heureux Pere GABRIEL MARIA: Car si vous la considerez par les apparences exterieures, vous croirez qu'il a seulement donné congé à son Ame de sortir hors de son Corps, apres que Dieu la luy a demandée, & que maistre de sa vie, il envoye son Esprit dans le temps qu'il est le plus ennuyé d'estre enfermé dans vne prison de chair; & ie ne doute point que la Sainte Vierge ne le reçeut avec beaucoup de ioye, puis qu'il avoit vsé toutes ses forces à son service, & qu'il s'estoit tout épuisé dans ses loüanges.

CHAPITRE XIV.

De sa Sepulture.

VNe des plus fortes passions qu'ayent les hommes lors qu'ils sont dans le monde, c'est que leurs corps estans séparez de leurs ames, soient mis dans vne sepulture honorable. Ce desir est si juste, que souvent Dieu s'est interessé en cela pour contenter ses plus fidels serviteurs en ce point: car nous lisons au Chapitre dernier du Deuteronome, que Moyse estant mort, Dieu l'ensevelit prés de

Phagor dans la Terre de Moab, & le Texte Sacré remarque, que personne n'a encore découvert le lieu où il l'avoit mis. Le Messie mesme s'est humilié iusques au supplice de la Croix, a neantmoins voulu estre mis dans vn sepulcre nouveau & autant magnifique qu'il se put rencontrer: Et aprés que Sainte Catherine d'Alexandrie eut perdu la vie pour le soûtien de la Foy, parmy les plus cruels tourmens que la rage des Hommes & des Enfers peut inventer, Dieu commanda à ses Anges de luy faire vn superbe Monument sur la Montagne de Sinaï, & d'y transporter son Corps. Aprés que le Bien-heureux Pere GABRIEL MARIA, fut decedé, ses bonnes Religieuses de Rhodez, dont il estoit le Directeur, en témoignerent beaucoup de douleur, & donnerent tous les ordres necessaires, afin que sa Sepulture fût autant honorable qu'on pourroit: D'abord elles furent d'avis qu'on ouvrît le Corps, & qu'on en envoyât le Cœur à Bourges, où est le premier & principal Convent de l'Ordre de l'Annonciade: mais les defences qui leur en furent faites, les divertirent de cette pensée. Elle demanderent que du moins on leur portât pour quelques heures, ce S. Corps, dans l'imagination qu'elles avoient, que sa presence attireroit les Benedictions du Ciel chez elles, & aprés qu'elles l'eûrent arrosé de leurs larmes, on le fit sortir pour le porter aux pieds du grand Autel, & y fut iusques au lendemain; on y fit des Prieres qui ne furent point interrompuës durant ce temps-là, & puis aprés on l'enterra dans vne Chapelle, où Dieu manifesta par plusieurs Miracles, la gloire de son Ame.

Le Monastere de Bourges reçeut aussi-tost les nouvelles de son heureux deçeds, les Sœurs qui avoient si long-temps admiré ses Vertus, chanterent *Alleluya* dans le Chœur, comme s'estoit autrefois la coustume en pareilles rencontres dans les premiers siecles de l'Eglise naissante. Elles creûrent qu'il avoit assez fait de bonnes œuvres & d'austeritez pour laver les fautes pour lesquelles il eût dû estre retenu dans le Purgatoire. Elles s'acquitterent en cette occasion de tous les devoirs de la Pieté; & sans parler des services solemnels qu'on fit pour luy l'espace de dix iours dans leur Eglise, & des Prieres qu'on continua toute l'année: Il fut capitulairement ordonné à la proposition qu'en fit Sœur Catherine de Mohet, Mere Ancelle, que dans les Services qui se faisoient tous les ans aux dix Festes de la Vierge pour Madame Ieanne de France leur Fondatrice, il y auroit vn particulier suffrage pour luy, & de plus, que pareil Service seroit fait à l'anniversaire de l'vn & de l'autre.

Le Convent de Rhodez, depositaire d'vn si riche Tresor a esté soigneux d'honorer les Saintes Reliques de ce grand Serviteur de Dieu, l'an 1544. il fut tiré de la Chapelle où il avoit esté mis, & transporté devant le grand Autel pour y estre plus honorablement, son habit estoit tout entier comme le iour de son deçeds, ses cheveux estoient iaunes, comme ils sont ordinairement dans l'enfance, le Corps estoit à demy consommé, mais sans aucune mauvaise odeur ny pourriture, on prit de ses cheveux pour en envoyer au Monastere de Bourges.

L'Epitaphe fut gravée sur la Pierre en ces termes. *Icy gist le Reverend Pere, de sainte & heureuse memoire, Frere* GABRIEL MARIA, *Instituteur General & Pere Principal des Sœurs de la Vierge Marie, qui a esté trois fois éleu au Generalat des Freres Mineurs, son Ame soit en repos avec les Bien-heureux. Il est mort le 27. d'Aoust, l'an de nostre Seigneur 1532.*

De plus le 7. de Fevrier l'an 1625. avec la permission de Monseigneur l'Evesque de Rhodez, on fit recherche de son corps, & comme il fut découvert on sentit vne tres-douce odeur semblable à celle des roses dans le Printemps, le Cercueil estoit tout pourry à cause d'vne source d'eau qui en estoit fort proche, mais les Ossemens estoient tres-fermes sans corruption, il y avoit mesme des cheveux entiers & de la chair en quelque endroit du corps; on enveloppa le tout d'vn linge blanc pour l'enfermer dans vn coffret doublé de satin bleu que l'on garde auprès du grand Autel où il fait tres-souvent des miracles, qui peut estre vn iour, exciteront les souverains Pontifes à luy donner l'Apotheose qui est deuë à la sainteté de sa vie.

CHAPITRE XV.
De ses Miracles.

IE ne repete point icy ce que i'ay dit ailleurs que le don de faire des Miracles n'est pas vne preuve absolument convainquante de la sainteté d'vne personne, parce que Dieu le peut accorder à vn pecheur, mais ce qui me surprend c'est qu'on a veu tant de Saints qui ont servy Dieu avec toute la pureté de cœur qu'on sçauroit desirer, & qui toutesfois n'en ont point fait durant le cours de leur vie, comme S. Iean Baptiste qui selon le témoignage du Sauveur estoit le premier de tous les hommes & qui au rapport de l'Evangile n'a fait aucun signe. Il est bien à croire que Dieu en a vsé de cette maniere avec eux pour favoriser leur humilité dans la crainte qu'ils avoient de s'emporter dans la vanité, si les peuples faisoient foule autour d'eux, pour leur demander le remede à leurs besoins, ou s'ils leurs faisoient des acclamations pour les bienfaits qu'ils en eussent receu, mais lors que Dieu a veu qu'ils estoient hors les perils d'estre superbes, il les a honorez jusques à ce point qu'il a bien voulu que les parties de leurs corps qui avoient esté consacrées à la penitence & aux austeritez fussent les instrumens de ses merveilles, pour rendre la veuë aux aveugles, le marcher aux boiteux & la santé aux malades. Il veut, dis-je, que ces Ames bien-heureuses communiquent à leurs corps quelques petites estincelles de leur Vertu, pour avancer les avantages qu'elles leur doivent donner dans la resurrection generale ; comme ces corps estant animez n'avoient eu qu'vne vie morte pour les delices des sens sous l'empire de la pieté : Il est raisonnable que leur corps participe quelque chose de la vie & de la gloire, dont l'ame jouyt par le moyen de ses mortifications ; Ces saintes Reliques nous sont des asiles dans toutes nos necessitez, & ie n'en veux point proposer d'autres preuves que celles du Bien-heureux Pere GABRIEL MARIA, pour verifier ce que ie dis, & jusques à present nous n'avons pas d'Historiens qui ayent remarqué s'il avoit fait d'autres miracles durant sa vie que ceux que nous avons rapportez ; mais pour ceux qui se sont faits apres sa mort, il en a esté dressé vn verbal à Rhodez, par lequel il conste que beaucoup de personnes malades ont esté gueries par l'intercession du venerable Serviteur de Dieu.

Le Reverend Pere Benard Iourdain, qui est vn des excellens Religieux de ce Royaume, & Provincial de la Province d'Aquitaine l'antique ; ayant appris qu'il se faisoit tres-souvent des cures miraculeuses au Tombeau du Bien-heureux Pere GABRIEL MARIA, écrivit vne Lettre, le 10. Avril 1642. au Pere Antoine Masseboeuf, Confesseur des Dames Religieuses de l'Annonciade de Rhodez, par laquelle il luy commandoit d'aller trouver Monsieur de Corneilhan Evesque de Rhodez, pour le supplier de deputer quelqu'vn, pour faire vne exa-

&te information & enqueſte de tous les miracles qui ſe faiſoient au Sepulchre du Bien-heureux Pere GABRIEL MARIA; lequel deſtina pour cet employ, Meſſire Pierre Solanet Preſtre, Docteur en Theologie, Prieur de Coignac. La Commiſſion pour cela, luy fut donnée le 3. May 1643. qu'il a executée, aſſiſté dudit P. Antoine de Maſſebœuf, & Meſſire Eſtienne Pradelier Preſtre, Notaire Apoſtolique, a eſté Greffier en cet Acte, les ſuivantes depoſitions.

En premier lieu :

LA Reverende Mere Anne Croſe Superieure du Monaſtere de l'Annonciade de Rhodez, dans l'Egliſe duquel eſt le Tombeau du Bien heureux Pere GABRIEL MARIA, a depoſé que l'an 1608. elle fut tres-incommodée d'vne Loupe au genoüil qui durant quinze jours croiſſoit à veuë d'œil, de ſorte qu'elle ne pouvoit s'agenoüiller qu'avec beaucoup de douleur; & craignant que le mal s'accreût, elle eut recours aux Interceſſions du Bien-heureux Pere GABRIEL MARIA, & fit vœu de dire chaque jour durant vne neufvaine cinq fois le *Pater* & cinq fois l'*Ave Maria* en l'honneur des cinq playes de noſtre Seigneur auſquelles elle ſçavoit que ce ſaint Homme avoit eſté tres devot. Auſſitoſt qu'elle eut fait ſon vœu, elle reconnut la diminution de ſon mal qui diſparut tout à fait le neufiéme jour, & depuis n'en fut plus incommodée.

Sœur Marguerite Guiberte Religieuſe dudit Monaſtere, eſtant dans l'année 1623. tombée dans vne fâcheuſe fiévre continuë accompagnée d'vne grande freneſie qui la travailloit ſix jours durant, apres avoir inutilement employé tous les remedes qu'elle croyoit propres pour ſa guerison, vne Religieuſe luy appliqua ſur la teſte le Livre imprimé contenant l'Hiſtoire de la Vie du Bien-heureux Pere GA-

BRIEL MARIA; & tout auſſi toſt elle fut ſi parfaitement guerie, qu'elle n'eut plus le meſme mal.

Sœur Felice des Courailles Religieuſe audit Convent, & faiſant l'Office de Boulangere, voulant tranſporter vne groſſe piece de bois qui l'incommodoit dans ſon Office, elle tomba ſur elle, & la bleſſa juſques à l'ouverture d'vn arteré, dont elle reçeut tant d'incommodité, qu'elle fut contrainte de s'aliter durant ſix iours, & mépriſant toutes ſortes de remedes, elle fit tant qu'elle alla à l'Egliſe, & s'eſtant proſternée devant l'image du Bien-heureux Pere GABRIEL MARIA, elle eut recours à luy, & dit trois *Pater* & trois *Ave*, & en moins de deux heures elle fut entierement guerie tant de l'enfleure qui luy avoit gaigné les pieds que des autres douleurs qu'elle ſentoit.

Sœur Françoiſe de Vigouroux Religieuſe audit Monaſtere l'an 1634. fut attaquée d'vne violente douleur de Dens, à laquelle elle eſtoit ſujette il y avoit fort long temps, de ſorte qu'il luy eſtoit impoſſible de ſatisfaire à ſes Offices, parce qu'elle n'avoit point de repos ny le iour ny la nuit. Apres divers remedes inutilement employez, elle eut enfin recours aux prieres du Bien-heureux Pere GABRIEL MARIA, & vn ſoir apres s'eſtre appliqué vne de ſes Reliques, elle s'endormit avec tant de douceur, qu'à ſon réveil elle ſe trouva entierement guerie, & depuis ſa douleur de Dens ne luy eſt plus revenuë.

Sœur Marguerite du Fon Religieuſe dudit Monaſtere l'an 1636. eſtant tombée le long d'vn degré dudit Convent, elle reçeut de ſa cheute vn ſi grand coup au coſté gauche, qu'elle en eut trois coſtes froiſſées qui luy cauſoient d'extremes douleurs, & qu'elle ſouffrit durant trois ſemaines. preſſée par la violence de ſon mal, elle eut recours au Bien-heureux Pere GABRIEL MARIA, dont elle ſentit bien toſt l'effet du pouvoir qu'il a auprès de Dieu: car comme elle prioit devant le ſaint Sacrement & l'Image de ce grand Serviteur de Dieu, elle ſentit comme l'attouchement d'vne main, laquelle paſſant doucement ſur ſon coſté, luy enleva la douleur, & puis elle fut entierement guerie.

Monsieur d'Austry President au Siege de Rhodez estant extremement incommodé d'vne maladie qui le tint pres d'vn an au lit jusques là que les Medecins desesperoient de sa guerison, & vn iour qu'on croyoit qu'il estoit sur le point de mourir, Sœur Celice Decat sa Niéce Religieuse audit Monastere en ayant eu avis, elle avec d'autres Religieuses dudit Monastere firent vœu pour luy au Bien-heureux Pere GABRIEL MARIA avec Messe haute, Cierges & Suaire. Le iour suivant qu'on avoit fait ce vœu, le malade se porta mieux, & recouvrit sa santé : Mademoiselle Cecile de Maynard sa Femme vint la premiere acquitter le vœu audit Convent, & ledit Sieur d'Austry y vint aussi rendre graces à Dieu.

Le Sieur Iean Boüy Notaire Habitant de la Ville de Rhodez estant arresté par vne maladie qui l'affligea deux ans ou environ avec de si violentes douleurs, desesperé des Medecins, il se vit à diverses fois à l'extremité de sa vie ; De sorte que sa Femme le croyant presque mort envoya le recommander aux prieres des Religieuses du Monastere, & ayant esté conseillée de recourir aux intercessions du Bien-heureux Pere GABRIEL MARIA, elle luy fit vœu de Messe haute, Cierges & Suaire. Apres cela son malade commença à se mieux porter, & quoy que tombé en diverses recheutes, les prieres neantmoins qui furent reiterées audit Bien-heureux Pere GABRIEL MARIA, luy obtindrent enfin vne entiere guerison, dequoy il luy a depuis rendu action de graces, & accompagné de sa Femme a satisfait ponctuellement à son vœu, quoy que fait dans vn temps auquel il n'estoit capable d'aucune connoissance.

L'an 1642. Sœur Louise des Courailles Religieuse audit Monastere fut extremement affligée d'vne maladie inconnuë accompagnée d'vne fiévre continuë & d'vn grand vomissement de sang qu'elle jettoit hors de son corps & avec de si violens efforts à diverses fois tant le iour que la nuit, de sorte qu'à toute heure elle estoit reduite à l'extremité,

& Monsieur Fueldes Docteur en Medecine demeurant à Rhodez, la tenoit pour morte. Vn soir apres avoir reçeu l'Extreme-Onction, elle fut abbatuë d'vn si furieux sincope que son évanoüissement luy dura cinq ou six heures, tellement qu'on faisoit déja le dispositif de ses funerailles. La Mere Catherine Gendre qui estoit alors Vice-gerente, appella vn nombre de Religieuses, & les sollicita de reclamer avec elle les secours du Bien-heureux Pere GABRIEL MARIA, & au mesme temps qu'elles eûrent commencé à prier Dieu pour cette Agonisante, elle se sentit soulagée dans son mal qui se diminua tellement, qu'elle sortit de l'Infirmerie à la Toussaint de la mesme année ; y estant entrée le 14. de Septembre. Cette guerison miraculeuse estonna tout le Monastere qui loüa Dieu en ses Saints.

Françoise Lamane Femme de Pierre Raygade Maître Patissier à Rhodez, ayant passé quatre ans avec son Mary en de grandes froideurs, parce qu'elle ne luy donnoit point d'enfans, fut conseillée d'avoir recours aux intercessions du Bien-henreux Pere GABRIEL MARIA : Ce qu'elle fit avec vœu de faire dire Messe à l'Autel où son Corps repose: Et sa Pieté eut tant de succez que dans l'année mesme elle devint enceinte, ce qu'ayant reconnu, elle alla dans l'Eglise dudit Monastere, faire dire trois autres Messes, & y assista, & à l'élevation du saint Sacrement d'vne de ces Messes, il luy sembla sentir son fruit se mettre en posture d'adoration, duquel elle accoucha heureusement estant arrivée à son terme, & eut vn garçon appellé Iean Raygade. Elle a de plus deposé que sondit Mary ayant esté long temps malade d'vne douleur de teste si violente & si continuë, qu'elle luy avoit fait perdre le dormir, il le recouvra, & ses douleurs cesserent par les prieres qui fûrent faites pour luy au Bien-heureux Pere GABRIEL MARIA, & par l'application de ses Reliques qu'il porta plusieurs années sur sa teste, sans avoir plus senty la mesme douleur.

Françoise de Robert mariée au Sieur Iean Deleucas Marchand de Rhodez, ayant son Fils appellé Pierre Iean Deleucas âgé de deux ans ou environ, qui tomba malade d'vne fiévre continuë qui se convertit en fiévre lente qui luy dura vn mois, de sorte qu'il estoit en danger de perdre la vie. Sa Mere eut recours au Bien-heureux Pere GABRIEL MARIA, & le luy voüa avec suaire & vne Messe pour estre dite sur l'Autel où reposent ses cendres. Aussi tost qu'elle eut fait son vœu, la fiévre abandonna son Enfant, & reçeut vne parfaite guerison.

Magdelaine Gregoire Femme de Iean Masene Maistre Patissier à Rhodez, fut atteinte d'vne fiévre pestilentielle qui la tint trois mois ou davantage dans vn état où il n'y avoit aucune apparence de guerison, Son mal l'avoit privé de l'vsage de l'oüye & de la veuë & mesme de l'attouchement, ne s'estant point apperçeu des S. Sacremens qui luy avoient esté administrez: Durant deux mois elle ne vécut que de boüillons; Durant dix iours son mal fut si grand qu'elle eut les dens si serrées qu'il fut impossible de luy faire prendre aucune nourriture. De sorte que sa Mere appellée Anne Sutile estant venuë de la Ville d'Espalion pour assister sa Fille, & la voyant dans vn si funeste état, elle fut conseillée de recourir aux prieres du Bien-heureux Pere GABRIEL MARIA & de luy voüer sa Fille avec vne Messe & vn Cierge. Aussi tost que le vœu fut fait, on vit qu'elle fut promptement guerie, & lors qu'elle peut marcher, elle vint elle mesme dans l'Eglise de l'Annonciade, s'acquitter du vœu qu'on avoit fait pour elle.

L'an 1638. Raymond Cayrou Maistre Faconnier de Rhodez, fut abatu par vne douleur de cuisse & de jambes gauche avec des violences si sensibles que sans aucune enfleure il en avoit perdu le dormir & le goust: La violence de son mal luy faisoit jetter des cris qui eussent touché les rochers de pitié s'ils eussent esté animez, & cela dura environ six semaines. Apres qu'on eut inutilement employé tous les remedes qu'on croyoit propres pour sa guerison, Françoise Souliere sa femme eut recours aux intercessions du Bienheureux Pere GABRIEL MARIA, auquel ayant fait vœu d'vne jambe de cire, d'vne Messe à chanter sur l'Autel où ses os reposent, le Malade commença à se mieux porter, & peu de temps après ils s'acquitterent tous deux du vœu qu'ils avoient fait.

Madamoiselle Marguerite du Pré femme de Monsieur Bernard de Franques Conseiller du Roy au Siege Presidial de la Ville de Rhodez, l'an 1640. avoit vn fils appellé François dans l'âge de dix-huit mois, qui fut abbatu d'vne si étrange maladie, qu'ayant quelquefois tout son corps roide, tendu & travaillé de convulsions reiterées, dans lesquelles il perdoit entierement l'vsage de tous les sentimens. Sa mere desesperant de sa guerison, apres avoir essayé tous les remedes qu'elle croyoit vtiles pour sa guerison, & qui ne luy avoient de rien profité, non plus que les prieres & les vœux differens qu'elle avoit faits pour cette fin, estant conseillée d'avoir recours aux intercessions du Bien-heureux Pere GABRIEL MARIA, elle fit vœu de faire dire la sainte Messe à l'Autel où reposent ses ossemens dans l'Eglise de l'Annonciade, & d'y apporter deux cierges avec le suaire de son petit Malade. Aussi-tost qu'elle eut fait ce vœu, elle reconnut en luy vn remarquable soulagement dans son mal, les convulsions cesserent, & il fut bien-tost guery.

L'an 1640. Anne la Salle Femme de Monsieur Firmin Orfévre de Rhodez, fut extremement malade d'vne fiévre pestilentielle accompagnée de dissenterie mortelle selon le jugement de tous ceux qui la virent en cet état, & reduite par tant de maux iusques à l'extremité, apres avoir passé huit iours sans pouvoir dormir, ny mesme confesser ses pechez pour l'extreme difficulté qu'elle avoit à respirer, elle fut conseillée de rechercher le secours du Bien-heureux Pere GABRIEL MARIA. Elle fit vœu de visiter son tombeau à sa premiere sortie, d'y porter son Suaire, & de faire dire la Messe à l'Autel où reposent ses Reliques. Apres qu'elle eut fait ce vœu elle recouvra l'vsage du sommeil en se faisant appliquer sur sa teste l'histoire imprimée de la Vie du Bien-heureux Pere GABRIEL MARIA. Elle confessa ses pechez sans difficulté, & quinze iours apres elle fut parfaitement guerie au grand étonnement de ceux qui l'avoient veuë dans vn si déprorable état.

L'an 1641. Iean, François & Iean Caillar Enfans de Marguerite Guabriaque mariée avec Maistre Guillaume Caillar Procureur au Presidial de Rhodez, furent malades durant vn mois ou environ d'vne fiévre continuë qui les avoit reduits dans vn manifeste danger de mort au iugement de tous ceux qui travailloient à leur guerison. Ayant esté voüez par leur Mere aux intercessions du Bien-heureux Pere GABRIEL MARIA avec vne Messe à dire dans l'Eglise des Annonciades, ils furent gueris le mesme iour.

Il y a encore d'autres Miracles dans la susdite Enqueste, que i'ay obmis de peur d'estre ennuyeux au Lecteur, dont on a fait deux Originaux, afin que Monseigneur de Corpeilhan Evesque de Rhodez, en eût vn pour luy, & le R. Pere Bernard Iourdain Provincial de la Province d'Aquitaine l'antique, eût l'autre, pour s'en servir toutes fois & quantes qu'il seroit à propos. Et la susdite Information a esté vidimée par Messire Guillaume Rodat President au Siege Presidial de Rhodez, & de Messire Guillaume Baldit Iuge Criminel dans la Senéchaussée & Siege Presidial de Rhodez: & pour vne plus ample confirmation de cet Acte, ils ont fait mettre le sçel de ladite Senéchaussée & Siege Presidial le 21. Iuillet l'an 1645.

Le Pere Blancone Religieux de l'Ordre de saint François, dans le livre qu'il a composé de la Vie & des Miracles du Bien-heureux Pere GABRIEL MARIA, rapporte dans la page 170. qu'vn Religieux de son Ordre apres avoir passé dix ou douze iours sans manger ny dormir à raison d'vne extreme douleur de dents qu'il souffroit, fut guery aussi-tost qu'il eût eu recours aux prieres du Bien-heureux Pere GABRIEL MARIA.

Dans la page 194. il remarque encore qu'vne Religieuse du Monastere de Rhodez estant fort incommodée d'vne defluxion qui luy tomboit sur les yeux, en guerit aussi-tost qu'elle se mit à transcrire par devotion la Vie du Bien-heureux Pere GABRIEL MARIA qu'on luy avoit prestée; Et le mesme Auteur parlant de luy mesme, rapporte qu'au mois d'Aoust de l'an 1624. il fut assailly du calcul avec vne forte colique, qui le tourmentoit jusques à vn point qu'il estoit à bout de patience, suivant le conseil qui luy fut donné il se transporta sur le tombeau du Bien-heureux Pere GABRIEL MARIA pour invoquer son secours, à peine eut il achevé sa priere qu'il se sentit soulagé, & fut en fort peu de temps guery. Et les Religieuses dudit Monastere de Rhodez ont témoigné au mesme Pere Blancone avoir oüy souvent chanter de nuit, & veu des chandelles allumées sur ledit tombeau. C'est de la sorte, mon cher Lecteur, que Dieu glorifie aprés leur mort ceux qui l'ont honoré durant leur vie, & veut que non seulement leurs ames soient heureuses dans le Ciel, mais encore que leurs corps ou leurs reliques soient le remede de nos maladies.

Fautes survenuës dans l'impression.

Pag. 7. ligne 19. uivant, lisez suivant. p. 11. l. 16. receuë, l. receuës. p. 11. l. 25. donnent dés, l. donnent à Dieu dés. p. 14. l. 18. & 19. s'accroist, l. s'arreste. p. 14. l. 18. & 19. comme, l. couvre. p. 15. l. 10. des, l. les. p. 17. l. 27. pour toutes, l. pour faire toutes. p. 18. l. 21. & en se, l. & s'en. ibid. l. 29. procurez vous, l. procurerez vous. p. 20. l. 17. fait ce, l. fait. Ce. p. 20. l. 18. ce qui, l. qu'il. p. 22. l. 7. representer, l. receuoir. p. 22. l. 25. changer, l. charger. p. 26. l. 16. n'avez autresfois, l. n'avez pas autresfois. p. 27. l. 7. On asseure, l. & vous eussiez creu. p. 31. l. 21. meures, l. meurs. p. 38. l. 24. vsages, l. voyages. p. 40. l. 23. puissante dans, l. puissante que dans. p. 43. l. 12. temps, l. autant de temps. p. 48. l. 28. reduire, l. reduire. p. 50. l. 12. l'Oraison, l. la raison. p. 53. Ch. XI. l. 3. que la, l. qu'vne. p. 54. l. 18. n'avoit fait à, l. n'auroit fait en. p. 57. l. 4. œuvres, l. cœurs. p. 68. l. 21. doivoir, l. devoit. p. 69. Ch. XIII. l. 9. articles, l. artifices. p. 70. l. 22. misere, l. misericorde. p. 76. l. derniere, avons nous, l. nous avons. p. 77. l. 9. avoit, l. a. p. 78. l. 9 langeur, l. langueur. p. 79. l. penult. tous, l. tous les. p. 86. l. 11. resolution, l. revolution. p. 87. l. 26. de de, l. de. p. 90. l. 27. animées, l. arrivées. p. 93. l. 5. Phitres, l. philtres. l. 8. courage, l. carnage. p. 94. l. 9. continence, l. concomitance. p. 105. l. penult. sous, l. sur. p. 107. l. 17. promet, l. pourroit. p. 125. l. 11. ny, l. cy. p. 137. l. 5. trangression, l. transgression. p. 150. l. 16. disoient, l. faisoient. p. 163. l. 12. au, l. à la. ibid. l. 16. mendacité, l. mendicité. p. 178. l. 26. peu, l. peus. p. 179. l. penult. d'Argentan, l. d'Argenton. p. 189 l. 28. les, l. ses. p. 199. l. 26. Hilariens, l. Hilarions. p. 209. l. 16. monumens, l. mouvemens.

www.ingramcontent.com/pod-product-compliance
Lightning Source LLC
Chambersburg PA
CBHW070657170426
43200CB00010B/2281